自驱型成长

如何培养孩子的自律力

尹丽华 编著

四川人民出版社

图书在版编目（CIP）数据

自驱型成长：如何培养孩子的自律力／尹丽华编著
. — 成都：四川人民出版社，2021. 11
ISBN 978 - 7 - 220 - 12458 - 7

Ⅰ. ①自… Ⅱ. ①尹… Ⅲ. ①儿童教育 - 家庭教育
Ⅳ. ①G78

中国版本图书馆 CIP 数据核字（2021）第 213789 号

ZIQUXING CHENGZHANG：RUHE PEIYANG HAIZI DE ZILÜLI

自驱型成长：如何培养孩子的自律力

尹丽华/编著

责任编辑	任学敏
技术设计	松 雪
封面设计	松 雪
责任印制	李 剑
出版发行	四川人民出版社（成都市槐树街 2 号）
网　　址	http://www. scpph. com
E - mail	scrmcbs@ sina. com
新浪微博	@ 四川人民出版社
微信公众号	四川人民出版社
发行部业务电话	（028）86259624 86259454
防盗版举报电话	（028）86259624
印　　刷	三河市众誉天成印务有限公司
成品尺寸	143mm×208mm
印　　张	6
字　　数	136 千
版　　次	2021 年 11 月第 1 版
印　　次	2021 年 11 月第 1 次
书　　号	ISBN 978 - 7 - 220 - 12458 - 7
定　　价	36.00 元

前　言

我们都知道，孩子天生都是质地纯洁、白璧无瑕的美玉。需要父母把他们雕刻成最美的杰作。

很多父母总是尽自己所能为孩子提供最好的物质，宠溺有加；给孩子报各种课外班，补习各种知识和技能；花钱把孩子送到最好的学校，让孩子不输在起跑线上……但是，我们父母却忽视了孩子自律习惯的养成。

其实，人格的培养、心灵的修为、习惯的养成，对孩子一生的影响远远比学习知识大得多，直接决定了孩子未来的幸福、人生的格局、事业的成败。

孩子如同一张白纸，他们自身尚没有经验可据，全凭感觉作出判断和选择。

有一个著名的斯坦福棉花糖实验：给一群幼儿园的孩子每人发一颗糖，并告诉他们，如果能忍住15分钟不吃的话，可以再得到一颗糖。实验结果显示，只有少部分孩子能够忍住诱惑，等15分钟后拿到作为奖励的第二颗糖。而后来的社会跟踪调查显示，这些能忍受糖果诱惑，等待一段时间拿到第二颗糖的孩子，普遍都比忍不住把手里的糖直接吃了的孩子发展得更好。

实验的真实性和科学性我们暂且不评论，毕竟在这些孩子的成长过程中，有太多变量都可能影响其未来的发展，仅以孩子最终的发展表现进行简单对比，或许不够客观。但单从这个实验发糖考验的当下，测试孩子抵受诱惑的能力，高下立见。抵受诱惑的能力，就是自控力，也叫自律力。

那么，父母应该如何培养孩子的自律力，让他在未来的人生中，更容易成功呢？

第一，父母言传身教，潜移默化。

第二，和孩子一起设定目标，制订行动计划和步骤。

第三，立即行动，并且帮助孩子消除杂念，坚定信念。

第四，培养自律力，不是一朝一夕的事，需要持续的行动，直至形成习惯。

第五，激发孩子的内在驱动力。

一位哲人曾说：播种行为，可以收获习惯；播种习惯，可以收获性格；播种性格，可以收获命运。

愿我们的孩子都能：从心所欲，不逾矩。

2021 年 4 月

目 录

第一章　有目标才能不盲从，让孩子养成规划的好习惯 ...001

以一位名人为榜样 002

用规划让梦想起航 005

给自己定一个终生目标 008

每天都知道下一步要做什么 010

像凸透镜一样聚焦全部能量 013

适合自己的就是最棒的 017

第二章　自立才能自强，让孩子养成独立的好习惯 ...023

让孩子自己做决定 024

扔掉依赖的拐杖 028

在哪里跌倒就在哪里爬起来 030

以"渔"代劳，别大包大揽 033

让孩子当一天家 036

越独立，越自信 039

第三章　认真才能赢得尊重，让孩子养成认真的好习惯 ...043

专心致志，一次做好一件事 044

精益求精，把事情做到极致 048

不做"差不多先生" 052

对小事认真才能对大事认真 055

因为认真，所以优秀 058

第四章　捷足才能先登，让孩子养成勤奋的好习惯 ...063

勤奋是克服"先天不足"的良药 064

天上不会掉馅饼 068

超越自我，和自己比赛 071

积极进取，远离平庸的人生 075

勤奋是通往荣誉的必经之路 078

第五章　分享才能共赢，让孩子养成合作的好习惯 ...083

团队的力量是强大的 084

互相协作，取长补短 087

分享让快乐加倍，忧伤减半 089

永远和团队拧成绳 094

1 +1 >2，合作才有强大生命力 098

第六章　创造力就是生命力，让孩子养成创新思维的好习惯 …103

想象力是第一生产力 ……104

用好奇心探索世界 ……107

大胆实践心中的创意 ……110

突破标准答案 ……112

别让你的思想变成你的囚徒 ……115

突破思维定式，打破束缚你思想的墙 ……117

第七章　时间就是金钱，让孩子养成时间管理的好习惯 …123

一寸光阴一寸金 ……124

做时间的主人 ……127

用好 20/80 法则 ……131

掌握你的时间节奏 ……135

不浪费一分一秒 ……137

让时间成就美好年华，做一个时间大富翁 ……139

第八章　自律才能掌控未来，让孩子养成自律自制的好习惯 …145

管好自己的手 ……146

让孩子远离不良嗜好 ……148

看似简单的自制力 ……150

告诉孩子不要过分"随心所欲" ……153

教育孩子自我约束，做到自律 ……157

自制是美德的基石，是成功的保障 ……161

第九章　成由勤俭败由奢，让孩子养成勤俭节约的好习惯 ...165

知道钱是从哪里来的 166

从小开始学理财 169

懂得节俭才能创造更多的财富 173

成由勤俭败由奢 176

从节俭一枚硬币开始，建立财富的基石 180

第一章

有目标才能不盲从，
让孩子养成规划的好习惯

以一位名人为榜样

　　以名人为榜样，其中蕴含的力量是无穷的。它能展示什么是可能的，提供极有价值的动机、力量和希望的源泉。

　　不少孩子常常会因为读了一篇令其感动不已的文章而想长大了当作家；因听了某人的英雄事迹而想当解放军、当飞行员、当明星、当运动员……当孩子产生这些朦胧的想法时，不要轻易否定，要适时地激励他们积极向上的雄心壮志。随着年龄的增长，孩子会根据自己不同优势的显现，再把自己逐渐引向适当的方向，树立远大理想。

　　名人，通常指的是在某领域为社会、为人类做出突出贡献的人。在人类历史上，涌现过许多对社会生产力、社会文明起着巨大推动作用的政治家、思想家、科学家、文学家、艺术家，尽管这些名人的生活背景不同，性格特点各异，他们的成功也不乏客观条件，但起决定作用的是主观因素——崇高的志向、坚定的信念、拼搏的精神、顽强的毅力……他们不仅赢得当时人的敬重，鼓舞人们建功立业、强国富民，还受到后世的敬仰，激励后来人发扬传统精神，推动历史前进！要当名人就需学名人。事实上，许多人就是在效法名人中成为名人的。

　　著名影星阿诺德·施瓦辛格少年时在健美杂志上发现了自己的榜样——里格·帕克。在健美界，里格是当时最强壮的人，阿诺德梦想着自己也能拥有像里格那样发达的肌肉。阿诺德尽可能地学习里格的所有，包括他的训练手段、饮食和生活方式。阿诺德知道里格的信息越多，模仿越多，就越认识到自己也能像里格那样成为健美明星。最终，他成功了！

名人，如路标，如灯塔，如指南针，时刻给人以力量、希望。

张海迪、海伦·凯勒身残志坚，陈景润、华罗庚刻苦自学，居里夫人投身科学事业，贝多芬、奥斯特洛夫斯基与命运抗争……这些名人的事例，都会使孩子深受感动和鼓舞。

2003 年，杨利伟成了我们国家家喻户晓的航天英雄。随着媒体的宣传，很多孩子发出这样的感叹："长大了，我也要像杨叔叔那样飞上太空。"这是他们的理想，是榜样给了他们力量。

然而，也有许多孩子心中缺少理想，内心失去了阳光，心灵世界一片灰暗，厌世消极。

　　曾经有一个苦闷的高中一年级的孩子在给报纸写的一篇稿子中说："从小我就拼命做老师和家长眼中的好孩子——听话、用功读书。但是上了中学以后，我就不愿做父母、老师眼中的'好孩子'了，因为那无非是个木偶，我想成为真正的自己。如今，我已经上高中了，可是人越来越茫然，不知道生活的目标，不懂我到底为了什么而学习。"他又说："毛泽东少年时期便'身无分文，心忧天下'，周恩来12岁立下'为中华之崛起而读书'的雄心壮志，我太需要一份动力了，一份为了自己的目标而抛弃一切、静心苦读的动力。"

那么，孩子们应如何以名人为榜样呢？

1. 平时，可以多读名人传记。这些撼人心灵的故事、成长的历程，具有良好的启发和鼓舞作用，有助于激发积极向上的精神，帮助孩子树立自己的人生目标。

2. 还可以建立一个自己的"榜样资料库"。首先选择一个或多个能够真正激发你的名人。也许他们的梦想和你自己的梦想极其相似，也许他们遇到的障碍也是你最惧怕和担心出现的。尽可能多地学习他们怎样在艰难状况下保持前进，以及他们是怎样战胜艰难险阻才实现梦想的。找一些这些人的照片，把它们挂在你常常自我反省的地方。

3. 经常摘抄、背诵名人名言，为自己鼓劲。名人名言就是名人思想的火花、智慧的结晶，就像灯塔，可以给人们指明人生的方向。所以多读名人名言，可以激励自己努力进步。

用规划让梦想起航

　　梦想是我们对于人生的美好期待。但是孩子想过要怎么样去实现梦想吗？或许很多人都会说要为了梦想而努力，但是如果进一步问：你想过该怎样努力吗？可能多数人都答不上来。这说明这些人没有想过或者没有认真地想过这个问题。事实上，这个问题很重要，它关系到我们的梦想能不能实现或者能在多大的程度上实现。下面我们来读一则故事，读过之后，相信你会找到这个问题的答案。这则选登在《读者》上的故事描绘了主人公在一位朋友的启示下终于迈出了实现梦想的第一步的情景。

　　　那时他19岁，在美国某城市的一所大学主修计算机，同时在一家科学实验室工作。他酷爱作曲，一直梦想着成为一名优秀的音乐人，出自己的唱片。

　　　出于对音乐共同的热爱，他结识了一位与他同龄的酷爱作词的女孩。也正是这位聪慧的女孩让他在迷茫中找到了实现梦想的道路。

她知道他对音乐的执着，然而，面对那陌生的音乐界及陌生的全美唱片市场，他们没有任何渠道和办法。某一天，两人又是静静地坐着。他甚至不知道目前的自己应该做些什么。突然间，她很严肃地问了他一个问题："想象一下，五年后的你在做什么？"他愣了，不知该如何回答。她转过身来，继续向他解释："你心目中'最希望'五年后的你在做什么，你那个时候的生活是什么样子？"

　　他沉思过后，说出了自己的期冀：第一，五年后他希望能有一张广受欢迎的唱片在市场上发行，得到大家的肯定；第二，他要住在一个充满音乐的地方，天天与世界上顶级的音乐人一起工作。

　　女孩后面的话对他意义重大，她帮助他做了一次时光推算：如果第五年他希望有一张唱片在市场上发行，那么，第四年他一定要跟一家唱片公司签上合约；而第三年他一定要有一个完整的作品能够拿给多家唱片公司试听；第二年，一定要有非常出色的作品已经开始录音了；这样，第一年，他就必须把自己所有要准备录音的作品全部编曲，排练就位，做好充分准备；第六个月，就应该把那些没有完成的作品修饰完美，让自己从中逐一做出筛选；而第一个月就是要把目前手头的这几首曲子完工；因此，第一个星期就是要先列出一个完整的清单，决定哪些曲子需要修改，哪些需要完工。话说到此，她已经让他清楚自己当下应该做些什么。

　　对于他的第二个未来畅想，女孩继续推演着，如果第五年他已经与顶级音乐人一起工作了，那么第四年他应该拥有自己的一个工作室；而第三年，他必须先跟音乐圈子里的人在一起工作；第二年，他应该在美国音乐的聚集地洛杉矶或者纽约开始自己的音乐旅程。

他在这番时光推演中找到了自己的人生路线，他让未来决定自己当下应该做的事情。第二年，他辞掉了令人羡慕的稳定工作，只身来到洛杉矶。第六年，他过上了当年畅想的生活。

这个故事读来意味深长。当孩子决定要通过努力来实现自己的梦想时，你不妨引导孩子学学这位主人公，静静想想：为了实现梦想，一个星期内要做到什么，一年内要做到什么，五年内要达到什么样的目标……为了达到这些阶段性的目标，必须完成哪些事。

如果将自己的整个人生都按照这种方法重新做一番整理，那么做的就是"规划"的工作，完成了自己的人生规划。这种规划的能力对任何人而言都非常重要，因为只有进行合理规划，才能让梦想起航。如果任由孩子自己盲目地向前闯，而不引导他们考虑对人生进行预算和统筹，那么，孩子的梦想之舟永远只能在浩瀚的人生中搁浅。

给自己定一个终生目标

志存高远，执着追求，是一切成功者的共同特征。

放眼古今中外，无数杰出人士都具有远大的终生目标。汉司马迁一生著《史记》，"欲究天人之际，通古今之变，成一家之言"；鲁迅"横眉冷对千夫指，俯首甘为孺子牛"，用一支笔为同胞呐喊终生。

有一年，一群踌躇满志、意气风发的天之骄子从哈佛大学毕业了，他们的智力、学历、环境条件都相差无几。临出校门，哈佛对他们进行了一次关于人生目标的调查。结果是这样的：

27% 的人，没有目标；60% 的人，目标模糊；10% 的人，有清晰但比较短期的目标；3% 的人，有清晰而长远的目标。

25 年后，哈佛再次对这群学生进行了跟踪调查，结果是这样的：

3% 有清晰长远目标的人，25 年间他们朝着一个方向不懈努力，几乎都成为社会各界的成功之士，其中不乏行业领袖、社会精英；

10%有清晰短暂目标的人，他们的短期目标不断实现，成为各个领域中的专业人士，大都生活在社会的中上层；

60%目标模糊的人，他们安稳地生活与工作，但都没有什么特别的成绩，几乎都生活在社会的中下层；

剩下的27%没有目标的人，他们的生活没有目标，过得很不如意，并且常常在埋怨他人、抱怨社会、抱怨这个"不肯给他们机会"的世界。

其实，他们之间的差别仅仅在于25年前，他们中的一些人知道自己的人生目标，而另外一些人则不清楚或不是很清楚。

孩子应该在心中树立一个目标，然后着手去实现它。他应该把这一目标作为自己思想的中心。这一目标可能是一种精神理想，也可能是一种世俗的追求，这当然取决于他此时的本性。但无论是哪一种目标，他都应将自己思想的力量全部集中于他为自己设定的目标上面。他应把自己的目标当作至高无上的任务，应该全身心地为它的实现而奋斗，而不允许他的思想因为一些短暂的幻想、渴望和想象而迷路。

终生目标应该是一个人终生所追求的固定的目标，生活中其他的一切事情都围绕着它而存在。

努力找到我们的终生目标吧，它是人生永远不会枯竭的原动力。

每天都知道下一步要做什么

老子说:"千里之行,始于足下。"在孩子设定终生目标后,应该父母可以引导他将目标分成几个可以实现的小目标,然后为每一步小目标规定切实可行的期限。这样,从一开始孩子就能看到成功,有利于自信心的不断提高。这有点类似于远征,通过一步一步地走,一段一段地走,最终到达目的地。每走完一段路,离目标更近,自信心也就更强。

1984 年,在东京国际马拉松邀请赛中,名不见经传的日本选手山田本一出乎意料地夺得了世界冠军。当记者问他凭什么取得如此惊人的成绩时,他说了这么一句话:凭智慧战胜对手。人们都觉得这只是一次偶然,可是,两年后,意大利国际马拉松邀请赛在意大利北部城市米兰举行,山田本一代表日本参加比赛。这一次,他又获得了世界冠军,不禁令人对他刮目相看。后来，人们在山田本一的自传中找到了答案：在每次比赛之前，我都要乘车把比赛的线路仔细地看一遍，并把沿途比较醒目的标志画下来，比如第一个标志是银行；第二个标志是一棵大树；第三个标志是一座红房子……这样一直画到赛程的终点。比赛开始后，我就以百米的速度奋力地向第一个目标冲去，到达第一个目标后，我又以同样的速度向第二个目标冲去。40多公里的赛程，就被我分解成这几个小目标轻松地跑完。

如果我们对目标的期望太高，事情发展的结果往往会事与愿违，期望越高，失望就越重，所以，我们应该追逐那些同我们自身的能力基本上相吻合的目标。尽管有时候，目标同自己的能力大小互相吻合，但由于客观条件的影响，也会导致失败，这时我们就更应注意调整自己的坐标，减少因此而可能带来的一些失望情绪。

成功从来就不是一蹴而就的事，这需要循序渐进，步步为营。许多孩子做事之所以会半途而废，并不是因为困难大，而是自己觉得与目标距离较远，正是这种心理上的因素导致了最终的失败，但是若把很长很长的一段距离分解成若干个距离段，逐一跨越，自然会轻松许多。

人每一天都应问自己：

现在在人生之中算是一个什么样的时期，是不是符合发展目标；每天都在做什么，得到的是不是现在最想要的或是最应该得到的？明天应该做什么，下一步应该做什么，要为完成目标准备些什么？手里的东西是否可以放下，是否真的愿意……

　　这中间的道理大家应该都明白了：孩子不管做什么事情，光有目标还是不够的，必须帮助他制订一个详细的计划，然后把计划中的每一步的准备好，接下来的事情就很简单了，只要一步一步地去完成就行了，当你把最后一步完成的时候，你就会发现，目标已经实现了。

像凸透镜一样聚焦全部能量

曾有一位苦恼的青年对昆虫学家法布尔说："我爱科学，也爱文学，对音乐、美术也十分感兴趣。我把全部时间、精力都用上了，却收效甚微。"法布尔微笑着从口袋里掏出一块放大镜说："把你的精力集中到一个焦点上试试，就像这块凸透镜一样！"

一个人的精力和时间本来是很有限的，在这种情况下，如果选不准目标，到处乱闯，几年的时间会一晃而过。如果想取得突破性的进展，就该像打靶一样，迅速瞄准目标；像激光一样，把精力聚于一束。一个人只要"咬定青山不放松"，长期专注于某一事业，他通常就能成为这方面的专家、成功者。

法国的博物学家拉马克，是兄弟姐妹 11 人中最小的一个，最受父母宠爱。他的父亲希望他长大后当牧师，送他到神学院读书。可他却爱上了气象学，想当个气象学家，整天仰首望着多变的天空；没多久他又在银行里找到了工作，想当个金融家；后来他又爱上了音乐，整天拉小提琴，想成为一个音乐家；这时，他的一位哥哥劝他当医生，于是他又学医4年。

一天，拉马克在植物园散步时，遇到了法国著名的思想家、哲学家、文学家卢梭。受卢梭的影响，"朝三暮四"的拉马克固定了自己的奋斗目标，他用26年的时间，系统地研究了植物学，写出了名著《法国全境植物志》。后来，他又用35年的时间研究了动物学，成为一位著名的博物学家。

世界上许多伟大事业的成就者都是一些资质平平的人，而不是那些一看就让人觉得出类拔萃、多才多艺的人。为什么会出现这种情况呢？其实，在我们的生活中可以处处见到这种情况，一些年轻人取得了远远超出他们实际能力的成就。很多人对此疑惑不解：为什么那些看上去智力不及我们一半、在学校里排名末尾的学生却获得了巨大的成功，并在人生的旅途中把我们远远地抛在了后面呢？其实，那些看起来智力平庸的人，只要能够专注于某一领域、某一事业，并长期耕耘不辍，最终也会实现自己的目标；而那些所谓的智力超群、才华横溢的人，如果总是喜欢毫无目的地四处游荡，等到蓦然回首时就发现，仍旧一无所有。

文学大师歌德曾这样劝告他的学生："一个人不能骑两匹马，骑上这匹，就要丢掉那匹。聪明人会把凡是分散精力的要求都放在一边，只专心致志地去学一门，学一门就要把它学好。"鲁迅也说："若专门搞一门，写小说写十年，作诗做十年，学画画学十年，总有成功的。"

纵览古今中外，凡杰出者，无一不是"聚焦"成功的。

法布尔为了观察昆虫的习性，常达到废寝忘食的地步。有一天，他大清早就伏在一块石头旁。几个村妇早晨去摘葡萄时看见法布尔，到黄昏收工时，看到他仍然伏在那儿。她们实在不明白："他花一天工夫，怎么就只看着一块石头，简直像是中了邪！"其实，为了观察昆虫的习性，法布尔不知花去了多少个日日夜夜。

数学家陈景润数十年如一日地研究"哥德巴赫猜想"。清代著名画家郑板桥，作画 50 余年专注画兰竹，始终"咬定青山不放松"，终于成为画兰竹的高手。还有徐悲鸿擅画马，齐白石擅画虾，黄胄擅画驴，而明人唐伯虎拿手的则是仕女画。画猫专家曹今奇从 8 岁起学画，专画猫，他画的猫曾在中国内地首屈一指，连许多国外商人也向他高价订购"猫画"。如果他们想什么都学，很可能没有办法达到后来的成就。

那么，孩子们怎么才能培养专注的习惯，克服"今天想干这个，明天想干那个"的朝三暮四的毛病呢？以下几点建议可供借鉴：

1. 找到真正的兴趣所在

兴趣，是推动学习的重要内在动机，往往可以决定一个人一生的道路。有了兴趣，他们就能废寝忘食、全神贯注。

2. 不要因一时不出成果而动摇

许多人一心想有所成就，这种心情是可以理解的。但过于急切地盼望成功，则容易走向反面。

3. 不要为别人的某些成功所诱惑

干事业，最忌见异思迁，而造成见异思迁的原因有很多，其中一个原因就是为别人的某些成功所动。正确的做法是认准自己的目标，执着地追求。

4. 不要怕艰辛，要舍得吃苦

有些人对爱因斯坦在物理学领域的杰出贡献羡慕不已，却很少琢磨他床下几麻袋的演算稿纸；有些人对 NBA 球员的声誉津津乐道，却很少去想他们每人究竟洒下了多少汗水。因此，千万不要光羡慕别人取得的成果，要准备下些苦功夫才行。

5. 控制自己的情绪、心态

应学会尽量少受外界干扰，即便受了干扰，也要及时"收回脑子"，这也是锻炼专注力的一个重要方法。

适合自己的就是最棒的

　　现实生活中，大多数孩子总发现自己总是在犹豫之中。怎样做才能不虚度一生？怎样才能知道自己是否选择了恰当的目标呢？

　　威特勒教授的研究结果和经历证实，与其让双亲、老师、朋友或经济学家为孩子们制订长远规划，还不如自己去了解一下自己。

　　查斯特·菲尔德爵士说："无论别人的推心置腹显得多么明智和多么美好，从事物本身的性质来讲，自己应当是自己最好的知己。"找寻真实的自我，不是一朝一夕的工作，而是贯穿整个人生的一件工作。找寻真实的自我，是自我充实的一件伟大的冒险。如何找寻真实的自我？

　　必须记住，真实的自我，包含着善与恶。善的本质包括自尊、自信、自立、勇气；恶的本质包括失意、孤僻、愤恨、自卑。找寻真实的自我，就必须了解邪恶的一面对自己的影响。恶的本质创造了一个渺小的自我，善的本质创造一个伟大的自我，而人就是一个渺小自我与伟大自我的混合物。渺小自我的消极感经常存在，它们就像红灯，把善良的本质挡在白线之内，加入它们的阵营；伟大的自我是绿灯，叫人勇往直前，以心智的能力追求目标，不让自己的消极感作祟。

必须让孩子了解自己永远无法达到完美的境界，但只要每天尽力去做，就能获得极大的快乐。每天都是一个新的太阳，每天都有一个新的机会，要不断地寻找真实的自我，从而获得充实的人生，发挥自己的灵性。

查斯特·菲尔德爵士指出，人生实在是奇妙，不管我们怎么认定自己，哪怕那种认定是不好的或有害的，最终我们的人生必然会跟着那种认定走。

客观地认识自己当然是困难的，然而作为一个想正正经经做一番事业的人，对自己先要有个正确的认识，难道不应当是一个起码的要求吗？

很多人的成功，首先得益于他们充分了解自己，认识到了自己的长处，根据自己的特长来进行定位。如果不充分了解自己的长处，只凭自己一时的兴趣和想法，那么定位就很不准确，有很大的盲目性。

歌德一度没能充分了解自己的长处，树立了当画家的错误志向，害得他浪费了10多年的光阴，为此他非常后悔。

美国女影星霍利·亨特一度竭力避免被定位为短小精悍的女人，结果走了一段弯路。后来幸亏在经纪人的引导下，她重新根据自己身材娇小、个性鲜明、演技极富弹性的特点进行了正确的定位，出演《钢琴课》等影片，一举夺得戛纳电影节的最佳女演员奖和奥斯卡最佳女主角奖。

鲁迅、郭沫若原来都是学医的，后来转为文学创作，成了文坛巨人。如果他们坚持学医，那就有可能会埋没自己的才能。

俄国戏剧家斯坦尼斯拉夫斯基在排练一场话剧的时候，女主角突然因故不能演出。他实在找不到人，只好叫他的大姐来担任这个角色。他的大姐以前只是干些服装道具之类的事，现在突然演主角，由于自卑、羞怯，排练时演得很差，这引起了斯坦尼斯拉夫斯基的不满和鄙视。

一次，他突然停止排练，说："如果女主角演得还是这样差劲，就不要再往下排了！"这时，全场寂然，受到屈辱的大姐久久没说话。突然，她抬起头来，一扫过去的自卑、羞怯、拘谨，演得非常自信、真实。

斯坦尼斯拉夫斯基用"一个突然发现的天才"为题记叙了这件事，他说："从今以后，我们有了一个新的大艺术家……"

不难揣测，有些天才之所以被埋没，是因为连他自己也没认清自己，更不用说给自己定一个合适的目标；而天才的一鸣惊人则是因为他重新找回了自己，大胆地表现了真实的自我，目标的制定以及突破也就顺其自然了。看来，认识自己、制定适合自己的目标真的不可忽视。孩子更应该早早地发现自己，从小就培养自己的才能，在目标中优化自己，向杰出的行列迈进！

孩子们成长期还只是人生的起步阶段，如果起步起得好，那以后的路就可以走得平顺；反之，有可能多浪费时间走弯路。

所以，父母师长应该引导孩子努力根据自己的特长来规划人生、量力而行。根据自己的环境、条件、才能、素质、兴趣等，确定努力方向。不要埋怨环境与条件，应努力寻找有利条件；不能坐等机会，要自己创造机会；不仅要善于观察世界、善于观察事物，也要善于观察自己、了解自己。从自身出发制定目标，坚信适合自己的就是最棒的。

有目标才能不盲从，养成规划的好习惯

你们长大想做什么？

我喜欢霍金，长大想和他一样当一名科学家。

妈妈，我长大怎样才能当科学家？

好棒，有志气。今天咱们就定一个人生规划线路图，每天朝目标努力吧。

未来的小科学家，忘记你的梦想了吗？先把今天的计划完成再玩。

我物理竞赛得第一名了。

真棒！离成为科学家更近一步了。

以一位名人为榜样，帮孩子制订一个人生规划线路图。督促孩子养成按照规划努力的好习惯。

父母培养孩子规划习惯思维引导

与孩子一起制订一套人生规划，与孩子一起勉励执行。

❶ 终生热爱和要从事的事业（梦想）：

_____

❷ 上大学的学习专业和方向：

_____

❸ 未来10年的努力目标：

_____

❹ 给孩子树立一个自我激励的偶像：

_____

❺ 今年的努力方向：

_____

切实可行的每天行动计划

千里之行始于足下	早上起床时间安排 ★	下午放学作业时间计划 ★	运动计划 ★	感兴趣的课外班时间安排 ★	阅读时间 ★	21：30上床睡觉 ★
星期一						
星期二						
星期三						
星期四						
星期五						
星期六						
星期日						

第二章

自立才能自强，
让孩子养成独立的好习惯

让孩子自己做决定

这是一位小学一年级老师的感慨：

经过很长时间的观察，我发现小晶总是不跟同学去玩，自己也什么都不玩，于是我问她："你怎么不跟其他同学去玩呢？"

小晶说："老师，您没让我跟他们玩呀。"

"那你怎么不自己玩呢？"

"我不知道玩什么。"

"那你想玩什么？告诉老师，老师跟你玩。"

小晶天真地说："我不知道！老师您说，您让我玩什么？"

后来，我跟小晶的父母沟通后，发现了原因：原来小晶的爸爸很溺爱孩子，从来不让她自己做出什么决定，什么事都替她决定好，就连小晶每天吃什么、喝什么，都不会让小晶自己决定。

"存在即选择，选择即自由。"若一个孩子的人生总是由其他人选择、决定，这个孩子也就会渐渐失去自主能力。

然而，很多父母似乎忘却了这一点，他们总是不断地为孩子做出各种决定。如给孩子选择玩具，给孩子选择学校，给孩子选择补习班，为孩子选择日常饮食……于是孩子也就逐渐养成了按父母的决定做事的习惯，一旦离开父母，就会变得束手无策、举棋不定，不知道自己要干什么。长久下去，孩子也就失去了主动性，很难在学业和事业上有所成就。

美国著名管理学家彼得·德鲁克说："这个世界最重要的事情不是技术或网络的革新，而是人类生存状况的重大改变。在这个世界里，人将拥有更多的选择，他们必须积极地管理自己。"

由此可见，一个人的自主性对他的人生起着十分重要的作用。所以，父母要有意识地培养孩子自我管理和自主做出决定的能力。这样，孩子才能坦然面对人生中的各种选择，进而走在宽广辉煌的人生道路上。

那么，怎样培养孩子的自主能力呢？

1. 给孩子做决定的机会

每一个孩子都有自己的思维，通过自己的分析、判断、权衡来思考问题，进而做出决定。所以，父母要尽量多给孩子自己做决定的机会，鼓励他去多多思考问题。

例如，让孩子自己挑选喜欢的衣服、玩具；自己决定购买一些生活用品；自己决定学习什么专长；当遇到某种困难时，父母要让孩子自己决定如何解决……这样孩子就会逐渐成为一个独立、有主见的人。

2. 多听取孩子的意见

小枫学习很好，快升高中了。爸爸想让他去贵族学校学习，于是把这个想法告诉了小枫，想听听他的意见。

小枫得知后，说："爸爸，我觉得不去贵族学校也是可以的。因为咱们家并不是很富裕，上贵族学校得花费高昂的学费；那里有很多'富二代'，很容易受到他们的歧视，无法安心学习；就算我在普通学校，我也会很认真地学习，我相信，只要我努力、用心，也照样能考上好大学。"

爸爸听了小枫的意见后，觉得不无道理，于是就听取了孩子的意见。事实证明，孩子的意见是正确的，因为三年后，他考上了名牌大学。

对于某些事情，尤其是孩子自己的事情，父母要尊重孩子，多多听取孩子的意见。这样，孩子独立思考问题的能力和对事物的判断能力就会有所提高，从而更好地做出各种决定。

如果孩子的想法是正确的，父母就需要听取和鼓励；即使孩子的意见是错误的，父母也不能嘲笑孩子，呵斥孩子，因为这样孩子就不敢再提出自己的看法，很容易成为"听话"的孩子，一切按父母的意志做事。这样孩子就没了自主能力。

3. 鼓励孩子做出选择

一天，爸爸带九岁的建军来到文具店，说："你可以自己决定买什么样的文具。"

建军看上了两款书包，但是不知道买哪一个好，于是问爸爸："爸爸，您说，我该买哪一个呢？"

爸爸鼓励建军："孩子，你要根据自己的爱好和需要来挑选书包。比如，你要考虑自己更喜欢什么款式，哪个书包更实用，等等。爸爸相信，你一定会选出自己喜欢的书包的。"

建军仔细琢磨了一会儿，满脸喜悦地说："爸爸，我就要这款书包了。"

当建军征询爸爸的意见时，爸爸并没有直接做出决定，而是采取点拨的方式，鼓励他自己做出决定。在这个过程中，建军不仅学会了自己独立思考问题，还享受到了由此所带来的乐趣。在以后的生活与学习中，他也会更积极地自己去做各种决定。

扔掉依赖的拐杖

一位母亲这样描述自己的烦恼：

> 上小学一年级的孩子，平时生活中有很强的依赖性：
>
> 早上经常赖床，天天早上喊他好几次，小孩都跟没听见一样。甚至跟他说上学要迟到了，也没有反应，每天早上几乎都是我硬拉下床的；
>
> 到了吃饭的时间也一样，在一边玩，每次都是我喊他，他才慢慢地过来吃饭；
>
> 而且他根本没有独立自主观念，做任何事情都是我给他安排的，甚至连老师布置的作业也是我强迫他完成的……
>
> 类似的事情还有很多，这孩子的依赖性这么强，我真担心他将来如何在社会上生存。

试问，一个孩子产生如此强的依赖性的原因是什么？显而易见，事例里面的妈妈有不可推卸的责任。她为孩子包办了一切，这便是孩子养成坏习惯的原因。

依赖性是现在每个孩子都可能会有的，这是家长们过度溺爱孩子的结果。父母喜欢替孩子包办一切。小孩自己能够吃东西了，而父母怕他打破碗、弄脏衣服，就抢过饭勺喂给他吃。孩子长大了父母还要照顾他的生活起居。而这样做的后果就是孩子有了很强的依赖性，表现得很懒散，动手能力差，脑子不灵活，毫无主见。

戒掉孩子的依赖行为，要从让孩子开始独立思考入手。父母要克服担忧的心理，主动让孩子自己做事。

当孩子刚开始做一件事情的时候，家长一定要有耐心，不要怕孩子失败或者害怕孩子打破东西，在孩子成长的过程中类似的"学费"还是需要交的。经过一段时间以后，家长便能够惊喜地看到孩子在逐渐进步。

在哪里跌倒就在哪里爬起来

那些刚刚会走路的小孩，总是会摔倒。

第一类家长会马上把孩子扶起来，拍拍孩子身上的灰尘，哄起小孩子来。有的父母直接抱起孩子不让他自己走路了。更有甚者，竟然以转移过错的方式安慰小孩子，说"妈妈打这个地"。这种教育方法的直接结果就是孩子变得软弱、缺乏独立性、过分依赖父母。

另一类家长则会鼓励小孩子"站起来"，而不会去扶小朋友。通过这种教育方式，小孩子便会培养出独立自主的能力。要让孩子知道摔倒了是因为自己的失误，以后要看路不要摔倒。

其实，刚学会走路的小孩，走路摔倒是很寻常的事情，摔倒了应该自己爬起来接着走路。但是由于父母的溺爱，会让很小的事突然变得十分严重。最后导致有的小孩子不愿再爬起来，躺在地上等待安慰。其实，父母一定要克服过于惊慌、担心的心理，小孩子摔跤后要鼓励孩子自己爬起来。假如一个孩子从小就养成了依赖他人的习惯，将来也不可能有所作为。

人生漫漫，与小孩子学习走路一样，一不留意便会摔倒。就像名言说的那样："人生不可能只有成功，没有失败。失败往往能够锻造出人的抗压能力。"

就人的一生来说，一时的挫折并不可怕，可怕的是缺乏跌倒后爬起来的能力。一味等待别人的帮助，不如意就自我放弃、一蹶不振，最后只会一事无成。一位教育学家曾经说过："人学会了走上坡路，也要学会走下坡路，唯有经历过挫折的人，才能获得完整的人生。"因此父母该跟孩子明确表示："不管在什么地方跌倒，都要自己再爬起来。"

每一个孩子在成长的过程里都会跌倒，只要在一次次的跌倒之后，能够通过自己的力量站起来，那么以后他便会走得更好、站得更稳。孩子只有从小培养"靠自己的力量站起来"的习惯，在以后的人生道路上才能变得更加坚强。假如家长看不得孩子遇到一丁点儿的困难，急于将孩子从困境中解救，时刻充当保护神，就会使孩子逐渐错过自己解决问题的能力以及独自成长的机遇期，进而无法在遇到困难时找到解决方法。

"没有风雨怎么能够见到彩虹"，家长要让孩子们从小接受暴风雨的考验，让他们学会跌倒后靠自己的力量站起来。如今的孩子在家里都是"小皇帝"或"小公主"，家长把他当成温室中的花朵，备加呵护，虽然安全娇艳，却无比脆弱。长大成人之后，他们怎么能经受狂风暴雨的洗礼呢，又怎么能凭自己的力量去渡过一个又一个难关呢？所以，父母一定要把培养孩子坚强的品质作为首要任务，时刻教导孩子要凭借自己的力量爬起来。

成长的过程太顺利的话，势必会影响孩子锻炼抗压能力。父母不妨在孩子成长的过程中，适当对孩子进行挫折教育。很多家长都担心孩子幼小的心灵抗压能力差，承受不了挫折，会感到痛苦和紧张。但事实告诉我们，这种想法并不是正确的。

　　"逆商"指人面对挫折时，摆脱困境和超越困难的能力。从小培养孩子应对挫折的能力，提高孩子逆商，他成年后的道路也能走得更踏实。在人生旅途中，到处存在着坎坷和荆棘岂能尽如人意？假如小孩子从小一帆风顺，不知道什么叫"失败"，长大之后原本可能只是面对一个小小的磨难，但是在没有经历过挫折的他们的眼里，却成为怎么也过不去的坎了。一次小小的挫折，有可能会让他们消沉下去，更可怕的是会让他们从此一蹶不振。

　　在困难中长大的孩子，便不畏惧困难。所以，家长不妨把挫折教育看作一种磨炼小孩子意志、不断提高孩子适应力的最佳途径。

以"渔"代劳，别大包大揽

父母显然无法抗拒孩子天生可爱的魅力，又因为大多家庭只有一两个孩子，父母对孩子的宠爱会与正确的养育方法背道而驰。有些父母觉得孩子就应该娇生惯养着，即使什么活都干不了也没事。事事都由父母决定是很危险的一件事情。现在的社会，孩子不可能永远都和父母一起生活，总有一天要远离父母的，所以，父母让孩子从小学会独立生活是很重要的。

那么，怎样让孩子养成独立自主的习惯呢？有意识、有控制地"放权"是一个方便有效的方法。尽量让孩子去处理他自己的事情，父母只需要进行一些适当的辅助与引导，不要让孩子对父母产生依赖感。例如给孩子的学习计划提建议，帮助孩子解决学习上的苦恼等。

晓雪的妈妈是全职妈妈，把一切家务事包揽了。出于对孩子的爱，妈妈给晓雪制订了计划表，把每分钟要做的事都安排好了。从早到晚，包括作息时间表和周末的娱乐活动，晓雪一直以来都是照着妈妈的计划生活的，妈妈非常疼爱听话的晓雪。

晓雪的姥姥在她五年级的时候病重，让乐观的妈妈变得很消沉。妈妈为了能够更好地照顾姥姥，搬去了姥姥家。由于姥姥年事已高去不了医院，妈妈还要在医院与姥姥家之间疲于奔波，如此，妈妈就没有时间照顾晓雪了。

临走前，晓雪的爸爸在外出差还没有回来，晓雪就被托付在了邻居家。晓雪因为没有妈妈的陪伴，生活的安排成了一件难事。邻居家赵阿姨的孩子已经上大学了，看到晓雪的样子，就开始用自己的方法来改变晓雪。

首先让晓雪回想一下之前的时间表，然后与自己的实际情况相结合，再对自己做一个规划。例如每天穿什么衣服，作业不会写的时候可以第二天去问问老师，等等，然后再按照计划执行。听话的晓雪就照着这个方案做了。

慢慢地，赵阿姨发觉，晓雪在自己的安排之下，把生活打理得井井有条。

在学会照顾好自己的同时，晓雪也感受到平时妈妈照顾自己的劳累。她开始想，照顾姥姥的妈妈现在肯定很累吧？我是不是可以帮助妈妈呢？在赵阿姨的帮助下，晓雪学会做一些简单的菜。周末的时候，晓雪自己做了一些饭菜去看望姥姥，对妈妈说："妈妈，你看我长大啦。"

让孩子从小就学会独立自主，可以为孩子以后的学习和生活打下良好的基础。现在独生子女越来越多了，父母一定更要有意识地教孩子学会独立自主，不要什么事情都帮孩子做好，要让孩子用自己的能力解决问题，独立自主的孩子会让人更加开心。

让孩子当一天家

让孩子试着当一天家，可以提高孩子解决问题的能力，还能让孩子获得必备的生活技能。

目前，我国儿童普遍存在的问题就是生活依赖性强。这是因为，现在很多家庭都只有一个孩子。虽然西方也有很多独生子女，但是这些家长对待独生子女的态度与我国的父母的态度很不同。

孩子在小的时候，正处在品行形成的关键期，有很强的可塑性。孩子虽然年龄小，但也拥有自己独立的人格，在家庭中也占据着很重要的地位，这时候家长应该适时引导教育，让孩子勇于承担家中的责任。

小丽是一个善良懂事的小孩。她的父亲在她五岁的时候就去世了，家中只有母亲和两岁的妹妹，而且家里经济拮据。她常常想帮帮母亲，因为母亲挣的钱很少，很难养活她们。

一次，小丽帮一位先生找到了丢失的笔记本，因此得到了 10 元钱的报酬。

　　小丽把钱藏到了一个很难被发现的地方。小丽的母亲教导她做人要诚实，不是自己的东西绝不能拿。后来她用这 10 块钱买了盒子、鞋刷和鞋油，然后走到街角，看谁的鞋子不太干净，就走过去对谁说："先生您好，您需要我帮您擦鞋吗！"

　　她是如此讲礼貌，吸引了很多人的注意力，人们也愿意让她为自己的鞋擦油。她很努力，第一天就挣到了 5 元钱。

　　当小丽拿钱到母亲面前的时候，母亲哭着说："小丽，你真的懂事了。我一直担心没有挣到足够的钱买面包，可是现在我相信我们的生活将会好起来了。"

　　自此之后，小丽利用课余时间到街上擦鞋。她靠自己擦鞋挣的钱帮母亲减轻了负担。

　　"穷人的孩子早当家。"家庭贫困的孩子，受到家庭条件的影响，小时候经历了很多痛苦和挫折，因此更早地品尝到生活的苦楚，会更加努力地去改变自己的生活。

　　从这个角度上来说，孩子能否早日承担起对家庭的责任，不仅仅跟家境有关，还要看孩子有没有经历过磨炼。古人云："父母之爱子，则为之计深远。"所以，对家长来说，只有从现在开始，适当地让孩子经历一些磨炼，才可以帮助孩子承担起家庭的责任。

　　在这里，父母为了让孩子将来更好地发展，让孩子知道自己的辛苦，初高中时，可以有规律地让孩子每月当一两天家，给孩子提供锻炼的机会。父母可以选择一个周末，让孩子安排第二天的生活并作出计划与预算，然后从第二天早上开始，就让孩子决定一天的任务和计划。父母只须多配合孩子的指挥。安排家庭开支，费用、坐什么车、走哪条路、去哪里玩，都让孩子自己计划。

越独立，越自信

现在很多孩子都是独生子女，真是含在嘴里怕化了、捧在手里怕摔了，被全家当成大宝贝。于是便会出现这样的场面：

"来，宝宝，奶奶喂你吃饭。"

"宝宝，妈妈帮你洗脸。"

"哎呀，你怎么能够自己洗衣服呢？你别做了。"

两三岁的孩子，当被喂饭的时候，他会说"我自己吃"；在大人帮他穿鞋时，他会说"我自己穿"。儿童心理学家告诉我们，孩子逐渐长大，他自己的主体意识便会渐渐强化。

这时候，我们不仅要让他们加强独立生活的意识，也要加强自己打理生活的意识。家长千万不要打压他们跃跃欲试的兴致，剥夺他们学习生活能力的机会。

假如家长明白要让自主贯彻到孩子的生命里，小孩未来才能够自己面对挑战。这才是真的对孩子的爱。

南宋著名诗人陆游曾在《冬夜读书示子》中对他的孩子进行劝勉：

　　　　古人学问无遗力，少壮功夫老始成。

　　　　纸上得来终觉浅，绝知此事要躬行。

　　现在很多时候，孩子在家中饭来张口、衣来伸手，甚至连最基本的家务都不会做，养成了什么事情都要依赖父母的习惯，样样都需要家长包办。我们便会看到这样的情景：一个小孩子鞋带开了，只会在路边哭喊叫妈妈，自己不想办法，不知道自己弯腰系紧。即便是考上了大学、成年之后，还是不能自己独立生活，成为一名"巨婴"。

　　孩子越来越依赖父母已经成为一个严重的社会问题。殊不知，家长一味的娇惯会让小孩失去他独立学习、独立思考的能力。可是孩子总是会长大的，在他长大之后，又应该用什么样的姿态来面对社会呢？因为他总是习惯了按照别人的指示行动，太依赖会让孩子性格变得十分脆弱。养成孩子独立的能力，让孩子懂得很多事情都需要依靠他自己，这是父母绝对不能忽视的。习惯了帮助孩子做一切的父母，应该从以下几个方面入手，逐渐让他做好自己分内的事情。

　　（1）要培养孩子的独立自主能力，孩子们自己能够做的事情绝对不包办。当孩子还年幼的时候，可以教会他们穿衣服、洗脸、洗衣服；等到长大一点后，可以教孩子们自己上学。刚开始也许他做不好，但只有锻炼了才会有做好的可能。

　　（2）要让孩子有为家庭服务的机会，不会做的事情要去学着做。教一些孩子力所能及的家务，不要因为他们不会就直接替他们的好。

妈妈，我以后自己坐车上学，不用再送我了。

我觉得老师刚才说的不对。我认为雾霾不全是汽车尾气形成的。

阿姨，我可以在你们店做义工吗?

孩子，我和爸爸今天晚上下班晚，你做一下晚饭。

让孩子从小学会自己做事、自己思考，养成独立自主的好习惯。

一年级孩子良好习惯养成一览表

项目	内容
认真习惯	1. 做作业时专心致志 2. 不当小马虎，不写错别字 3. 养成自己检查作业的习惯
勤奋习惯	1. 每天按时完成作业 2. 多阅读，丰富知识面 3. 多参加各种课外活动，培养综合素质
合作习惯	1. 主动帮助老师 2. 与同学互帮互助 3. 积极参加班级活动
独立习惯	自己叠被子、穿衣服、洗澡、背小书包
自律习惯	1. 不乱吃零食 2. 在公共场合不大声喧哗 3. 不乱扔果皮纸屑
勤俭节约习惯	1. 不浪费食物 2. 不损坏玩具 3. 不乱花钱
创新思维习惯	1. 学会观察周围物体的形状和颜色 2. 学会动脑思考 3. 上课善于提问题和回答问题
学习习惯	1. 按时完成作业 2. 养成正确的书写姿势 3. 能阅读拼音小故事

★不因学习困难而放弃梦想，不因理想遥远而放弃挑战。

★永远不停止向内探寻自己的内心喜悦，不停止向外探寻自己的能力边界，不放弃塑造成为期待中最好的自己。

第三章

认真才能赢得尊重，
让孩子养成认真的好习惯

期末考试

专心致志，一次做好一件事

专注的力量是惊人的，集中精力专注于自己正在做的事情，不仅做起事来轻松、有效率，而且也能够把事情做得更好。

有一次，孔子带领自己的学生到楚国。他们一行从树林中走出来，看见一位驼背翁正在捕蝉。他拿着竹竿粘捕树上的蝉，就像在地上拾取东西一样自如。

"老先生捕蝉的技术真高超。"孔子恭敬地对老翁表示称赞后问，"您捕蝉想必是有什么妙法吧？"

"方法肯定是有的，我练捕蝉五六个月后，在竿上垒放两粒粘丸而不掉下，蝉便很少逃脱；如垒三粒粘丸仍不落地，蝉十有八九会捕住；如能将五粒粘丸垒在竹竿上，捕蝉就会像在地上拾东西一样简单容易了。"

捕蝉翁说到此处，捋捋胡须，严肃地说："捕蝉首先要学练站功和臂力。捕蝉时身体定在那里，要像竖立的树桩那样纹丝不动；竹竿从胳膊上伸出去，要像控制树枝一样不颤抖。另外，注意力高度集中，无论天大地广，万物繁多，在我心里只有蝉的翅膀，我专心致志。精神到了这番境界，捕起蝉来，还能不手到擒来、得心应手吗？"

大家听完驼背老人捕蝉的经验之谈，无不感慨万分。孔子对身边的弟子深有感触地说："专心致志，才能出神入化，得心应手。说的就是驼背捕蝉老翁啊！"

驼背翁捕蝉的故事向我们说明了一个真理：做事情专心致志、心无旁骛，才能够把事情做好，取得"真经"。而那些能够在事业上取得卓越成就的人无一不是做事十分认真投入的人。

在历史上，阿基米德不仅是一位伟大的数学家，还是一位伟大的力学家。他通过大量实验发现了杠杆原理，又用几何演绎的方法推出了许多杠杆命题，并给出了严格的证明。其中就有著名的"阿基米德定理"。不仅如此，阿基米德还是一位十分出色的工程师，他能够把数学和生活中的具体问题结合起来考虑，大胆地运用数学方面的知识去解决天文学和物理学的问题……他之所以能够取得如此辉煌的成就，就是因为他是一个非常投入的人。

据记载，阿基米德钻研数学的时候非常专心，往往因为过于投入而忘记了其他的事情。比如在冬天吃饭的时候，他就坐在火盆旁边，一只手端着饭碗，一只手在火盆的灰烬里比画着，进行各种数学习题的运算，因过于投入，常常都忘了吃饭。

有一次，因为一道数学题没有找到答案，他很长时间都把自己关在房间里苦思冥想，由于一直没有时间去洗澡，他身上散发出一股难闻的气味。在家人的一致要求下，阿基米德才勉强进了浴室。

那时候的人们都有个习惯，洗完澡之后要往身上擦香油膏。阿基米德待在浴室里好半天还不出来，家里人感到十分奇怪。他们站在门外喊了几声，可是一点回应也没有。这是怎么回事？会不会出了什么意外？

家人赶紧推开门，令人哭笑不得的是，他们发现阿基米德已经忘了自己是在洗澡，他把浴室当成了工作室，正坐在浴盆的边缘，用手指头蘸着香油膏在皮肤上画几何图形哩！

和阿基米德一样，著名的科学家居里夫人也有着非凡的注意力。她小时候读书很专心，完全不知道周围发生的一切，即使别的孩子为了跟她开玩笑，故意喧哗，都不能把她的注意力从书本上移开。有一次，她的几个姊妹恶作剧，用6把椅子在她身后造了一座不稳定的三脚架。她始终在认真看书，一点也没有发现头顶上的危险。突然，"木塔"轰然倒塌，引起周围的孩子们的哄笑。

伊格诺蒂乌斯·劳拉有一句名言："一次做好一件事情的人比同时涉猎多个领域的人要好得多。"在太多的领域内都付出努力，我们就难免会分散精力，阻碍进步，最终一无所成。圣·里奥纳多在一次给福韦尔·柏克斯顿爵士的信中谈到他的学习方法，并解释自己成功的秘密。他说："开始学法律时，我决心吸收每一点有用的知识，并使之同化为自己的一部分。在一件事没有充分了解清楚之前，我绝不会开始学习另一件事情。"

专注是成功的重要保证。一位记者问爱迪生："成功的首要条件是什么?"他回答道："如果你有一种能够让自己的身心全部投入到同一个问题上而且不知疲倦、锲而不舍的能力，你离成功就不远了。我们每个人拥有的学习、工作、生活的时间差不多，早上7点起床，晚上11点睡觉。之所以我能够取得成功，是因为别人会在这些时间里做许多许多的事情，而我只做一件，这就是区别。倘若他们将时间和精力放到同一个方向上，他们也能成功。"

一旦专注某种事物，人们会将自己有限的资源投入这一事物，对于别的事物则不会产生兴趣，从而节约了时间和精力。这种专注能够让你的思维处于连续工作中，积极地思考必将取得好的结果。同时，专注会蓄积你全身的热忱，你的思维、你的行动会变得积极而迅速。

精益求精，把事情做到极致

　　罗丹是一位闻名于世的雕塑家。有一天，罗丹在他的工作室向一位来访者解释为什么自这位参观者上次来参观到现在，他都一直忙于这一个雕塑的创作，而直到此时还有一部分仍未完成。罗丹一边用手指着雕塑一边认真地说："这个地方，我仍需要再润色一下，让它看起来更加光彩夺目，这样整个面部的表情会因为光彩的增加而更柔和。当然在它的衬托下，"他又用手指了一下说，"那块肌肉也会显得强健有力。然后呢，"他顿了一下说，"嘴唇会更富有表情。当然，全身会因为以上的种种而显得更加有力度。"

　　那位来访者听了罗丹的介绍，疑惑不解地说："您所说的相对于这座雕塑像来说，好像都是些琐碎之处，它们在整个雕像中并不是那么引人注目！"

　　罗丹回答道："也许如此，但是你一定要知道，也正是你所说的这些琐碎的、不引人注目的细小之处才使整个作品趋于完美呀！而对于一件作品来说，完美的细小之处可不是件小事情呀！"

那些凡是能够在事业上取得卓越成就的人，大都像罗丹一样认真地对待自己要做的事情。一个人只有抱着精益求精的态度去做事，才能把事情做到尽善尽美。

美国前国务卿基辛格博士，在诸事繁忙之时，仍然坚持让自己的下属不断地培养对细节关注的习惯。当他的助理呈递一份计划给他，数天之后，该助理问他对其计划的意见时，基辛格和善地问道："这是不是你所能做的最佳计划？"

"嗯……"助理犹疑地回答，"我相信再做些改进的话，一定会更好。"

基辛格立刻把那个计划退还给他。

努力了两周之后，助理又呈上了自己的成果。几天后，基辛格请该助理到他办公室去，问道："这的确是你所能拟定的最好计划了吗？"

助理后退了一步，喃喃地说："也许还有一两点可以再改进一下……也许需要再多说明一下……"

助理随后走出了办公室，腋下夹着那份计划，他下定决心要拟出一份任何人——包括亨利·基辛格都必须承认的"完美"计划。

这位助理日夜工作，有时甚至就睡在办公室里，3周之后，计划终于完成了！他很得意地跨着大步走入基辛格的办公室，将该计划呈交给国务卿。

当听到那熟悉的问题"这的确是你能做出的最最完

美的计划了吗"时，他激动地说："是的，国务卿先生！"

"很好，"基辛格说，"这样的话，我有必要好好地读一读了！"

基辛格虽然没有直接告诉他的助理应该做什么，却通过这种严格的要求来训练自己的下属怎样完成一份合格的计划书。

很多孩子做事情多数都像例子中的那名下属一样，浅尝辄止，往往在事情还没有臻于完美的时候便匆匆了事，结果自然是错漏百出，不尽如人意。俗话说，"慢工出细活"，要做好一件事情，就必须认真细致地做好每一个细节，追求每一个细节的完美，这样才能将事情做到尽善尽美。

1886 年，为了纪念自由精神强烈的美利坚合众国成立，法国政府送给美国一座雕刻了 10 年、高约 46 米的自由女神像。女神的外貌设计源于雕塑家的母亲，高举火炬的右手则以雕塑家妻子的手臂为蓝本。

这座自由女神像象征着美国人民的自由精神。直至今日，这座雕像依然是美国最具代表性的景观之一。而且随着时代的发展，自由女神像历尽沧桑，它几乎已经成为全球所有为自由而奋斗的人心目中神圣的向往。

人们怀着这种神圣的向往，从四面八方涌来，为的就是一睹自由女神的风采。在雕像耸立于美国自由广场100 多年以后，有一位画家和朋友一起乘坐一架私人小飞机飞到了距离地面约 100 米的高空，画家和他的朋友已经清楚地看到了自由女神像头部的所有细节：一缕缕飘逸而韧性十足的头发，丰富的脸部表情，额头、鼻翼两侧还有耳郭边的每一个线条，以及坚定地盯着前方、充满火热激情的眼睛……所有的一切都被雕塑家表现得栩栩如生。这位画家素以对作品无比挑剔和苛刻著称，但是看到眼前美轮美奂的自由女神像，他也不由得赞叹，简直是巧夺天工。

在1886年之前，飞机还没有被发明制造出来，而雕塑家却尽其所能地完成雕像的每一个部分，丝毫没有忽略其中的任何一个细节。

在一个多世纪以前，这位雕塑家用自己的双手一刀一锉地刻出每一个完美的细节，即使是最细微、最不可能为人所注意的部位也没有丝毫马虎，也许自己精心塑造的某些细节人们永远都不会看到，但他始终没有放松对自己的要求。也正是因为雕塑家精湛的雕刻技术，以及他对于完美细节的不懈追求，巨大的自由女神像才以近乎完美的形象展现在人们面前，同时展现在人们眼前的还有雕塑家的精巧技艺及其通过每一个细节向人们传递的自由精神。

这位自由女神像的雕塑者就是弗雷德里克·奥古斯塔·巴托尔迪。他的名字将和自由女神像一样流传千古，他向人们传递的自由精神将会被千万代的人所铭记。

弗雷德里克的雕刻为我们带来这样的启示：只有认真才能够将事情做到尽善尽美。孩子要成就一番事业，就必须养成这种做事认真、精益求精的习惯。

不做"差不多先生"

生活中，"差不多"是很多人的口头禅。它是很多人做事马虎轻率的直接原因。"差不多"是一种看似聪明实际糊涂的做事态度。小则影响一个人的成败，大则关系到整个民族的兴衰。学者胡适先生在著名的《差不多先生传》中对这种"差不多精神"做了生动的刻画，下面的内容就节选自这篇文章：

> 差不多先生的相貌和你和我都差不多。他有一双眼睛，但看得不很清楚；有两只耳朵，但听得不很分明；有鼻子和嘴，但他对于气味和口味都不很讲究；他的脑袋也不小，但他的记性却不很精明，他的思维也不很细密。

> 他常常说："凡事只要差不多就好了，何必太精明呢？"

> 他小的时候，他妈叫他去买红糖，他却买了白糖回来，他妈骂他，他摇摇头说："红糖和白糖不是差不

多吗?"

他在学堂的时候,先生问他:"直隶省的西边是哪一个省?"他说是陕西。先生说:"错了。是山西,不是陕西。"他说:"陕西同山西不是差不多吗?"

后来他在一个钱铺里做伙计,他也会写,也会算,只是总不会精细,十字常常写成千字,千字常常写成十字。掌柜的生气了,常常骂他,他只是笑嘻嘻地赔小心道:"千字比十字只多一小撇,不是差不多吗?"

这篇著名的文章可谓是道尽了"差不多"思想的危害。孩子在做事和学习上的不严格要求,并不是一日两日就见危害的,所以也往往被孩子忽视。但是,"差之毫厘,失之千里"。开始差不多,天长日久,积少成多,几年、十年、几十年以后,学习上马虎、不严格的人,比起那些严格要求的人来就差得多了。这是我们应该牢记的。

粗心马虎、做事差不多就行的习惯是可以改变的。下面就是几种改掉马虎习惯的方法,可以帮你去掉"差不多先生"的"头衔"。

1. 集中精力,重视眼前

把注意力集中在我们的现实世界中,不要太多地追悔过去,不要沉溺于畅想未来,而应全力以赴把握眼前,重视当下的学习和生活。

2. 排除干扰,稳定情绪

每个人的心理能量都是有限的,如果被过多杂务干扰,心绪烦乱、情绪不稳,我们就容易分散注意力,就很难做到全神贯注。要真正做到细心谨慎,必然要处理好自身的各种心理困惑，保持一颗平静的心，正所谓"宁静而致远"。

3. 赋予自己责任，切实用心

任何事情，都是事在人为。同样一件事，能够敢负责任、切实用心，就可能成就一篇杰作；如果毫不在乎、不当回事，就可能竹篮打水一场空。只要能够负起责任，油然而生一种神圣的责任感和使命感，就有可能激发我们全部的智慧，调动我们无穷的潜力。因此从这个意义上说，细心很大程度上依赖于责任心。

4. 培养兴趣

我们深知，一旦自己对于某事有了浓厚兴趣，常能乐此不疲、流连忘返，也就能够精心钻研、细心考量。如果缺乏兴趣，就容易心猿意马、朝三暮四，难以做到持久地静心、细心，更不可能保持足够的耐心。我们理应认识到自身优势，做自己想做又能做的事情，然后将潜力发挥到极致，这样才能真正维持住持久的细心。

对小事认真才能对大事认真

古人云"不积跬步，无以至千里；不积小流，无以成江海"，说的就是"要想成大事必须认真从小事做起"的道理。天下大事，必做于细；天下难事，必做于易。一个人要成就一番伟业，就必须从身边最容易的事情入手，认真做好每一件事。做好小事才能够成就大事。

海尔集团的首席执行官张瑞敏说："把每一件简单的事做好就是不简单，把每一件平凡的事做好就是不平凡。"

一心渴望伟大，伟大却了无踪影；甘于平淡，认真做好每一件小事，伟大却不期而至。这就是小事的魅力。

一个人只有对小事认真，才能够对大事认真，踏踏实实地做好每一件小事，你才能够更快地走向成功。日本尼西奇股份公司以小小的尿垫而与松下电器、丰田汽车等世界名牌产品一样著名。尼西奇股份公司原来是一个经营橡胶制品的小厂，订单不多，濒临破产，然而，小小的尿布却使它起死回生。如今，它的年销售额达 70 亿日元，产品不仅占领了日本国内市场，而且行销世界 70 多个国家和地区。它们的经商理念是"只要市场需要，小商品同样能做成大生意"。

在我们的生活中，许多孩子年轻气盛，自恃学识高，不屑做平凡的工作、平凡的小事。在他们心中，想的净是"伟大"的事业，而这些事业终将只有"想"的份儿。不管哪项伟大的事业，都必须从小事、平凡的事中总结经验，从小事中起步。

明朝万历年间，皇帝为了要抗御强敌，决心整修万里长城。当时号称天下第一关的山海关年久失修，其中"天下第一关"的题字中的"一"字，已经脱落多时。

皇帝募集各地书法名家，希望恢复山海关的本来面貌。各地名士闻讯纷纷前来挥毫，但是依旧没有一人的字能够表达天下第一关的原味。皇帝于是再下诏告，只要能够中选的，就能够获得重赏。经过严格的筛选，最后中选的，竟是山海关旁一家客栈的店小二，真是跌破大家的眼镜。

在题字当天，会场被挤得水泄不通，官家也早就备妥了笔墨纸砚，等候店小二前来挥毫。只见小二抬头看着山海关的牌楼，舍弃了狼毫大笔不用，拿起一块抹布往砚台里一蘸，大喝一声："一！"十分干净利落，立刻出现绝妙的一字。旁观者莫不给予惊叹的掌声。有人好奇地问他成功的秘诀。他被问之后，久久无法回答，后来勉强答道："其实，我想不出有什么秘诀，我只是在这里当了三十年的店小二，每当我在擦桌子时，我就望着牌楼上的'一'字，一挥一擦，就这样而已。"

原来这位店小二的工作地点，正好面对山海关的城门，每当他弯下腰，拿起抹布清理桌上的油污之际，视线正对准"天下第一关"的"一"字。因此，他不由自主地天天看、天天擦，数十年如一日，久而久之，就熟能生巧、巧而精通，这就是他能够把这个"一"字临摹得炉火纯青、惟妙惟肖的原因。

这虽然只是个有趣的故事，却反映了一个颠扑不破的道理：练习造就完美，熟练才能精通，再小的事情做到极致就能成就大事。大家也许还记得达·芬奇画蛋的故事吧，为了把一个蛋画好，达·芬奇成百上千次地不停地画圈圈。任何事情都是这样：把小事做好，对小事认真才能对大事认真。

一个人要跨进成功的大门，他必须持有一张门票——责任心。责任心是一个人成长的动力，对家人、对朋友、对国家的责任都可以成为我们奋斗的动力。同时，承担责任也是一个人走向成熟的标志。当一个人的责任心在心底萌发时，就是他走向成熟的开始。孩子作为未来社会的主人，应当学会主动地为祖国、为社会、为家人负起自己的责任，只有这样才能够在承担责任的过程中不断地成长，走向成熟。

因为认真，所以优秀

　　河豚肉质细腻，味道极佳，但毒性却极强，处理时稍有不慎就有可能让食客致命。但在日本却鲜有因吃河豚而中毒、死亡的事情发生。

　　日本的河豚加工程序是十分严格的，一名上岗的河豚厨师至少要接受两年的严格培训，考试合格以后才能领取执照，开张营业。在实际操作中，每条河豚的加工去毒需要经过30道工序，一个熟练的厨师也要花20分钟才能完成。

　　加工河豚为什么需要30道工序而不是29道？我们不得而知，我们知道的是日本人很少有人因吃河豚而中毒，原因就出在工序上，经过30道加工工序后，河豚肉不仅味道鲜美，而且卫生无毒害。从这一点来说，到位的做事风格，一定是经过严格的程序化的做事风格，一定是一板一眼、认真的做事风格。

只有认真才能够将事情做好。孩子要有所成就，就应当学会认真。

然而要养成一丝不苟的习惯并不是容易的，这需要下一番艰苦的功夫，日积月累，逐渐在实践中形成。严格，不但是一个培养好习惯的过程，其中还包括一个和坏习惯作斗争、改变坏习惯的过程。

要严格必须要艰苦。有些人为什么不愿意严格，为什么害怕严格？除了习惯以外，说穿了，最主要的原因就是怕艰苦。因为马马虎虎、敷衍了事，当然要轻松得多，而每事都严格要求，就必须付出艰苦的劳动。

要真正解决怕严格的问题，必须从解决怕艰苦的问题下手。

下面我们列出一些培养认真习惯的方法，供孩子们参考：

1. 形成做事后自我检查的习惯

有些人做完作业后，常常由爸爸妈妈或其他长辈给检查出来，一一指正。这种方法对克服马虎的毛病不但没有好处，还可能导致依赖心理而更加马虎。正确的做法是自己检查、验证做事的效果，特别要培养一次做对的习惯。

2. 自己制定惩罚马虎的措施

比如，由于马虎，作业或考试出了问题，取消某项外出游玩的计划，取消一次看电视或电影的娱乐活动，也可以罚自己背诵两段有关认真、不马虎的格言、名言、谚语，或者学讲一个有关的故事。

3. 进行"细活儿"训练

学习、生活中有许多"细活儿"，不认真绝对做不好。对于自己的马虎，通过干"细活儿"，可以克服掉。例如，写正楷字、画工笔画、弹琴、缝衣服扣子、淘米、挑沙子、择洗蔬菜、玩动脑筋游戏，等等。有目的地去选这类事情干，经常训练，就会越来越细心。

二年级孩子良好习惯养成一览表

项目	内容
认真习惯	1. 认真听讲，课堂不分神 2. 玩耍和学习都全神贯注 3. 书写认真
勤奋习惯	1. 上课勤思考、积极回答问题 2. 放学早点完成作业 3. 多学一些课外技能，如篮球、游泳、画画、钢琴、围棋等
合作习惯	1. 不欺负比自己弱小的孩子 2. 主动当班干部，为同学服务 3. 在家里帮助妈妈做家务
独立习惯	1. 学会自己整理书包和书桌 2. 自己洗小袜子和裤头 3. 出行自己整理行李
自律习惯	1. 按时起床、睡觉 2. 注意自己的言行，不说脏话
勤俭节约习惯	1. 爱惜粮食，把饭吃干净 2. 管住自己总想买新玩具的欲望 3. 把不玩的玩具送给其他孩子
创新思维习惯	1. 培养自己的观察习惯 2. 学会自己动手制作玩具 3. 善于提问和思考
学习习惯	1. 每天预习、复习半小时 2. 独立完成作业，学会记住知识点 3. 阅读寓言和童话故事

★不因学习困难而放弃梦想，不因理想遥远而放弃挑战。

★永远不停止向内探寻自己的内心喜悦，不停止向外探寻自己的能力边界，不放弃塑造期待中最好的自己。

第四章

捷足才能先登，

让孩子养成勤奋的好习惯

勤奋是克服"先天不足"的良药

　　勤奋是成功的点金石，是克服先天不足的灵丹妙药。一个勤奋的人，即使一开始没有表现出惊人的天赋和过人的才华，但是只要他能够踏踏实实、坚持不懈，最终将比那些浅尝辄止、反复无常的天才取得更大的成绩。从某种意义上说，天才离不开勤奋就像勤奋离不开天才一样。如果你有着很高的才华，勤奋会让它绽放无限的光彩；如果你智力平庸、能力一般，勤奋可以弥补全部的不足。

　　爱因斯坦小的时候，有一次上手工课，老师要求每个人做一件小工艺品。课堂上，老师让学生们把他们的作业拿出来，一件一件地检查。当老师走到爱因斯坦面前时，他停住了，他拿起爱因斯坦制作的小板凳（那可不是一件成功的作品）问爱因斯坦："世上难道还有比这更坏的小板凳吗？"

　　爱因斯坦以响亮的声音告诉老师说："有！"

　　然后，他又从自己的小桌里拿出了一只板凳，对老师说："这是我做的第一只。"

一个并不手巧的人最后仍然可以因为勤奋而成为一个伟大的科学家。另一个小故事，也能说明这一道理。

> 古希腊有位演讲家，他的口才很好，每一次演讲都能吸引众多的听众。但他年轻的时候却有口吃的毛病，经常受到大家的嘲笑。为了改正这一缺点，他坚持天天练习说话。有的时候跑到山顶，嘴里含着小石子，训练自己的口型，摸索发音的规律。正是勤奋不懈的努力使他改掉了口吃的毛病，同时说出了一口流畅悦耳的话，从而实现了做演讲家的梦想。

自身的缺点并不可怕，可怕的是缺少勤奋的精神。自身之拙，可能会成为我们成功路上的障碍，但伟人、名人就是在克服障碍后得到桂冠的。即使是太行、王屋二山那么大的障碍也会被我们用愚公移山的精神，用勤奋一点点地挖掉，只要我们始终不放弃理想。NBA 的球星巴克利就是一个很好的例子。

> 1963 年 2 月 20 日，巴克利出生在美国亚拉巴马州一个名叫里兹的偏僻小镇里。在这个只有 6000 人的贫穷小镇，巴克利一出生就遭遇了与当时很多贫穷黑人小孩一样的不幸。刚出生 6 个星期，小巴克利就因患贫血症而进行了一次全身换血的大手术。幸好手术非常成功，他终于逃离了死神的魔掌，幸运地生存下来。

小小年纪的巴克利已经有了自己的目标，他要用篮球来让自己逃离贫穷，他有信心，也有决心。但当时很少有人会相信巴克利可以做到，甚至讥笑他是在白日做梦，因为他没有表现出足够的篮球天赋。

　　在高一的时候，巴克利的身高还只有178厘米，所以他连校队也没能入选，但近100千克的夸张体重却让教练建议他去打橄榄球。虽然如此，巴克利还是毫不动摇自己的决心，他坚持每天练球，直到深夜，风雨无阻，毫不理会别人的嘲笑。为了锻炼弹跳力，巴克利每天都在顶端非常尖锐的栅栏上跳来跳去，吓得他的母亲和外婆心惊肉跳。他要告诉每一个人，他一定可以实现自己的梦想。母亲格莲姆总是最支持儿子的人，一直在鼓励着巴克利，让他坚持自己的理想。苍天不负有心人，经过一年的苦练，巴克利的球技有了很大的进步，终于在高二的时候进入了校队。进入校队后，巴克利只能做替补，出场时间少得可怜，但他依旧没有怨言，一上场必倾尽全力，场下他也是训练最刻苦的一个。

　　升高三的那个夏天，巴克利奇迹般地疯长了15厘米，体重也减少了10千克。这样，巴克利就有了一副很好的篮球运动员身材，再加上他刻苦练就的一身好球技，到高三的时候，他终于成为里兹高中篮球队的首发球员。凭着对篮球的热爱，经过不懈的努力，巴克利实现了他儿时的梦想。他终于实现了自己对妈妈的诺言，用篮球给妈妈带来美好的生活。

出生在一个一贫如洗的家庭，一个受尽白眼的胖小子坚持自己的理想，遭挫而不折，遇悲而不伤，最后经过自己的努力成功了。巴克利的成长经历就是一个靠勤奋克服自身局限的故事，值得孩子们学习。

巴克利说："世上大多数人，并不知道该如何做才能在芸芸众生中脱颖而出。但我在孩提时代便已经决定无论我做什么，我都一定要成功。记住！只要你下定决心要成功，那么将没有任何人能阻止你。"

天才出于勤奋。著名数学家华罗庚说："勤能补拙是良训，一分辛勤一分才。凡是在某一领域被称作天才的人，无一不是经过辛勤的汗水才换来这样的荣誉的。"

勤奋能弥补短板，帮助孩子走向成功。

天上不会掉馅饼

很久以前，有一个叫汉克的年轻人，一心想成为一个富翁。他觉得成为富翁的捷径便是学会炼金之术。因此，他把自己所有的时间、金钱和精力都花在寻找炼金术这件事情上。很快他就花光了自己的全部积蓄，家中也因此变得一贫如洗，连饭都没的吃了。妻子无奈，跑到父亲那里诉苦。她父亲决定帮女婿改掉恶习。

于是他叫来汉克并对他说："我已经掌握了炼金之术，只是现在还缺少一样炼金的东西……"

"快告诉我还缺少什么？"汉克急切地问道。

"那好吧，我可以让你知道这个秘密。我需要3千克香蕉叶的白色绒毛。这些绒毛必须是你自己种的香蕉树上的。等到收齐绒毛后，我便告诉你炼金的方法。"汉克回家后立刻将已荒废多年的田地种上了香蕉。为了尽快凑齐绒毛，他除了种以前就有的自家的田地外，还开垦了大量的荒地。当香蕉长熟后，他便小心地从每张香蕉叶上刮收白绒毛。而他的妻子和儿女则抬着一串串香蕉到市场上去卖。

　　就这样，10年过去了。汉克终于收集够了3千克绒毛。这天，他一脸兴奋地拿着绒毛来到岳父的家里，向岳父讨要炼金之术。

　　岳父指着院中的一间房子说："现在你把那边的房门打开看看。"

　　汉克打开了那扇门，立即看到满屋金光，竟全是黄金，她的妻子儿女都站在屋中。妻子告诉他这些金子都是他这10年里所种的香蕉换来的。面对着满屋实实在在的黄金，汉克恍然大悟。

美好的生活要靠勤劳获取。只有脚踏实地，靠自己的双手辛勤劳动，才能够过上好的生活。

　　彼得大帝作为俄国王位的继任者，也是通过艰辛的努力才真正掌握自己的王权的。和其他王室成员不一样，他经常换下宫廷服装，穿上工作服去从事劳动。他看到西欧文明的成果在俄国几乎不为人知，感到痛心疾首，便下定决心进行自我教育，提高自己国民的素质。26岁那年，在其他的王子们耽于玩乐的年纪，他开始周游各国。他的目的并不是游山玩水，而是向这些国家中的优秀人才学习。在荷兰，他自愿为一位造船师当学徒。在英国，他在造纸厂、磨坊、制表厂和其他工厂里干活。他不仅细心地观察，而且像普通工人一样干活并拿到工资。

　　在伊斯提亚铸铁厂，他用一个月的时间来学习怎样冶炼金属，最后一天他铸造了约 300 千克的铁，把自己的名字铸在了上面。其他一些陪同他出访的俄国贵族子弟根本没有想到他们要干这样的苦活，但不得不背运煤块和拉风箱。他问工头穆勒，普通的铁匠每铸 16 千克的铁可以得到多少报酬。"3 个戈比。"穆勒回答说。但是工头付给彼得大帝 18 个金币。"你的金币自己留着吧，"彼得说，"我并没有比普通的工匠干更多的活，你给别人多少就给我多少吧！我想买一双鞋，我的鞋实在不能穿了。"实际上他脚上穿的鞋已经补过一次了，现在又满是破洞。他对新鞋很满意，说："这是我用自己的汗水换来的。"

彼得大帝铸造的一根铁棒现在还在穆勒的伊斯提亚铸铁厂展示，上面有他的名字。还有一根保存在匹兹堡的国家珍奇博物馆，作为对这位伟大国王的纪念。这对每人都是很有启发的：国家要想永远地繁荣下去，不管是农民还是王子，都需要像彼得大帝这样辛勤地工作。

彼得大帝的事例告诉我们：只有靠自己的汗水和辛勤劳动换来的生活才是最真实、最美好的生活。俗话说，天下没有免费的午餐，要想收获美好的果实，就必须付出辛勤的劳动。

日本有一句著名的谚语："除了阳光、空气是大自然赋予的，其余的一切都要靠劳动才能获得。"

超越自我，和自己比赛

中国有句古话叫作"胜人者有力，自胜者强"，这句话告诉我们：一个人只有战胜自己、超越自己，才能够成为一个真正的强者。一个人超越不了自己，就谈不上超越别人，这不但不利于自己人生的发展，也很难在竞争激烈的社会上立足，最终只能为时代大潮所抛弃。

现在的社会是一个崇尚竞争的社会，只有不断进取，不断挑战和超越自己的人才能够成为最后的成功者。

吴士宏从一个"毫无生气甚至满足不了温饱的护士职业"（吴士宏语），先后当上 IBM 华南区的总经理，微软中国总经理，TCL 集团常务董事、副总裁，靠的就是这种不断超越自己的进取精神。

外表温文、满脸带笑的吴士宏曾经是北京一家医院的普通护士。用吴士宏自己的话说，那时的她除了自卑地活着，一无所有。她自考英语专科，在还差一年毕业时，她看到报纸上 IBM 公司在招聘，于是通过外企服务公司准备应聘该公司。在此前外企服务公司向 IBM 推荐过好多人都没有被聘用，吴士宏虽然没有高学历，也没有外企工作的资历，但她有一个信念，那就是"绝不允许别人把我拦在任何门外"，结果她被聘用了。

据她回忆，1985 年，她为了离开原来毫无生气甚至满足不了温饱的护士职业，凭着一台收音机，花了一年半时间学完了许国璋英语 3 年的课程。正好此时 IBM 公司招聘员工，于是吴士宏来到了五星级标准的长城饭店，鼓足勇气，走进了当时世界最大的信息产业公司 IBM 公司的北京办事处。

IBM 公司的面试十分严格，但吴士宏都顺利通过了筛选。到了面试即将结束的时候，主考官问她会不会打字，她条件反射地说："会!"

实际上吴士宏从未摸过打字机。面试结束，吴士宏飞也似的跑回去，向亲友借了 170 元买了一台打字机，没日没夜地敲打了一星期，双手疲乏得连吃饭都拿不住筷子，竟奇迹般地敲出了专业打字员的水平。以后好几个月她才还清了这笔对她来说不小的债务，而 IBM 公司却一直没有考她的打字功夫。

吴士宏就这样成了这家世界著名企业的一名最普通的员工。

靠着这种不断超越自我的意识，吴士宏顺利地迈入了 IBM 公司的大门。进入 IBM 公司的吴士宏不甘心只做一名普通的员工，因此，她每天比别人多花 6 个小时用于工作和学习。于是，在同一批聘用者中，吴士宏第一个做了业务代表。接着，同样的付出又使她成为第一批本土经理之一，然后又被选为第一批去美国本部作战略研究的人。最后，吴士宏又第一个成为 IBM 华南区的总经理。这就是多付出的回报。

1998 年 2 月 18 日，吴士宏被聘为微软（中国）有限公司总经理，全权负责微软中国区业务。据说为争取她加盟微软，国际猎头公司和微软公司做了长达半年之久的艰苦努力。

在中国信息产业界，吴士宏创下了几项第一：她是第一个成为跨国信息产业公司中国区总经理的内地人；她是唯一一个登上如此高位的女性；她是唯一一个只有初中文凭和成人高考英语大专文凭的总经理。在中国经理人中，吴士宏被尊为"打工女王"。

正是这种不断超越自我的精神，成就了吴士宏事业上的辉煌。事实上，超越的意识时刻存在于我们的脑海之中，大多数人都从开始的懵懂到后来学会了关注和审视别人。学习上的尖子、生活中的强者、各个领域的明星人物自然成了我们关注和审视的对象。我们会情不自禁地问自己："为什么他们能够取得如此的成绩，而我却总是这样平平庸庸地过活呢？"

我们不能仅仅局限于对于别人成就的羡慕和徒做无聊的叹息，应更加注重于了解自己的能力和潜质，从而付出努力以争取达到自己理想中的目标。"每个人都会有一片明朗的天空"，孩子们必须从消极走向积极，从被动走向主动，不再羞怯，不再遮掩，也不再隐忍，将心中的兴奋与激动化作行动，化为洒在成功路上的汗水。

这就是超越。超越自我，积极进取，不断地发展自己、丰富自己。在眼界上，努力地汲取新知识、思考新问题，在个人能力上，不断地否定自己、超越自己，不断地给自己制定新的目标。让孩子养成这种奋斗的习惯，这样孩子就能够在未来的社会上成为一个胜利者和成功者。

积极进取，远离平庸的人生

世界"创价学会"的会长池田大作先生说过："平庸的生活使人感到一生不幸，只有波澜万丈的人生才能让人感到生存的意义。"孩子作为一名未来实现中国梦的参与者，应当积极进取，努力创造卓越的人生，而不应当躺在"舒服区"，不思进取，为自己的人生定下平庸的基调。香港著名记者曾慧燕从"待业青年"到"最佳记者"的成功跨越，就是一个不甘平庸，用行动创造卓越人生的最佳例子。

曾慧燕幼年经历十分坎坷。父母离异，她只身一人离开广州回到老家——湛江吴川县（现吴川市）梅佳镇，和爷爷奶奶相依为命。

曾慧燕小学毕业时，跑遍了县里所有有关部门，直到第二年才以社会青年的身份挤进县城中学。1975 年，她读完高中，因祖父膝下无人，留城待业。1978 年恢复高考，给她带来了希望。她满怀信心参加了考试，成绩也超过了录取线，但父亲的"帽子"又使她名落孙山。

移居香港的母亲一直孑然一身，盼望与女儿团聚，为女儿办理了来港探亲的手续。1979 年元月，曾慧燕来到了母亲的身边。

一连串不幸的生活经历并没有让曾慧燕意志消沉，反而磨砺出积极进取的性格。刚到香港的日子里，她白天上班，晚上自修英语，并开始利用工余时间写些杂感式的小文章，试着向报纸投稿。她的第一篇文章是在香港《明报》"大家谈"专栏上刊出的，这对她鼓舞很大。从此，署名曾慧燕的文章便经常出现在报端。

1980 年，香港《中报》刊出招聘广告，她抱着试一试的心情将自己的经历和发表过的文章寄给《中报》。这成为她走入新闻圈的第一步。她回忆当时的情形时说："到《中报》上班的第一天，老板给两份工作让我挑选：一是资料员，一是校对。我认为校对工作对我今后的事业会有好处，通过这项工作，我可以掌握在内地所不熟悉的知识。"校对是香港报馆中地位最低的工作，工资也比资料员少 300 元。曾慧燕选择了校对。

同时，《中报》为她和她的另一位同事开辟了一个名为"大城小景"的专栏，让她们每天撰写一篇短文。每天 50 字的专栏稿，磨炼了她的笔锋，活跃了她的思想，为她以后的成功奠定了坚实的基础。

香港的报馆没有"铁饭碗"，你乐意在这家干就干，不乐意可以走；同时你也随时都有被解雇的危险。正当曾慧燕的工作渐入佳境时，《香港日报》创刊。经《中报》老板推荐，她转入《香港日报》做了正式记者。履职后接受的第一个任务，是调查内地外流人才在港的情况。编辑部要求她每天采访一人，写成千字左右的文章并配上照片，由《乡情版》刊出。这对她这个初出茅庐的记者来说，无疑是一次考验，曾慧燕竟取得了令人满意的成果：她采访了100人，并将其中30人的材料编辑成《外流人才列传》（第一集）一书在港出版。这不仅在香港读者中引起了轰动，而且引起了内地有关部门的重视。曾慧燕也因此而成名。

曾慧燕坚持不懈、积极进取的精神使她摆脱了平庸的人生，取得了令人骄傲的成绩。事实上，凡是在自己的人生中取得较大成绩的人无不是对卓越心怀渴望、不甘于平庸生活的人。

每个人都是自己命运的设计师，每一个积极进取的孩子都应当不甘心于平庸的生活，为自己选择一种积极进取的人生。

勤奋是通往荣誉的必经之路

成功属于有刻苦精神的人。在英国小说家特罗洛普刚刚写作的时候，一个作家的建议使他受益终身，后来，他又把这句话送给了罗伯特·布坎南。他说："如果你想成为名垂千古的作家，在坐下来写作之前，先放一点鞋匠的粘胶在椅子上，有这样的创作精神才有希望成功。"

索尔·德拉克鲁斯是 17 世纪墨西哥著名的女诗人。她之所以能够在文学创作上取得杰出的成就，就是因为她自己不懈努力、勤学苦练。据说，在十几岁的时候，她就已经成为当地有名的美女了，她不但有轻盈灵巧的身段、美丽动人的容貌，还长着一头人人艳羡的秀发。

当时，索尔的家人和朋友都希望她能成为一名出色的演员，因为以她的条件，做演员是再合适不过了。但是，她的志向并不是做一名演员，而是成为一名诗人，能够经常用自己所写的美丽诗篇讴歌自己伟大的祖国和勤劳的人民。

虽然一心想写好诗歌，但是索尔一开始所写的诗歌并不好，而且经常受到老师的批评。有一天，一群伙伴又跑到她家来找她出去一起玩。虽然她也很想出去，可最后还是婉言拒绝了："我这几天刚刚写了几首诗，正在请老师帮忙审阅呢！如果老师说我有进步，那我就和你们一起出去玩。如果说没有，那我就……"

因为大家都非常喜欢她，所以不想失去她这样一个很好的伙伴，于是就一起坐下来，耐心地等着。过了一会儿，老师拿着诗稿来了。索尔·德拉克鲁斯接过来一看，脸当时就红了，因为老师不但在上面修改了许多，而且还专门加了批语，说她进步很小，自己感到很失望，等等。索尔·德拉克鲁斯很认真地看着诗稿，一言不发，其他人也都默默地注视着她，忽然，她放下诗稿，随手抓起一把剪刀，"咔嚓"一下，就把自己那一头人人羡慕的长发剪了下来。顿时，大伙惊得目瞪口呆。

索尔·德拉克鲁斯为什么要剪掉自己美丽的头发呢？原来，为了写好诗，她给自己立下了一条规矩：如果自己在规定的时间里没有学好自己规定的课程，或者在学业上没有什么大的进步，自己就要把那一头漂亮的头发剪掉，以示惩罚。

她对那些还在目瞪口呆的伙伴说："如果一个人没有任何的知识和才能，而只有一个空洞的脑袋，那她就不应该有漂亮的头发作装饰！"她又一次谢绝了伙伴们的邀请，在家里认真地作起诗来！

正因为索尔·德拉克鲁斯这样严格要求自己，不断发奋努力，她才能写出越来越好的诗，最终成为墨西哥著名的诗人。

勤劳是对成功的最好注解，也是通往成功的必由之路。古罗马有两座圣殿：一座是勤奋的圣殿；另一座是荣誉的圣殿。他们在安排座位时有一个秩序，就是必须经过前者，才能达到后者。勤奋是通往荣誉的必经之路，那些试图绕过勤奋、寻找荣誉的人，总是被荣誉拒之门外。

李嘉诚是海内外知名的企业家，曾有人问李嘉诚的成功秘诀。李嘉诚讲了一则故事：

日本"推销之神"原一平在69岁时的一次演讲会上，当有人问他推销的秘诀时，他当场脱掉鞋袜，将提问者请上讲台，说："请你摸摸我的脚板。"

提问者摸了摸，十分惊讶地说："您脚底的老茧好厚呀！"

原一平说："因为我走的路比别人多，跑得比别人勤。"

提问者略一沉思，顿时醒悟。

李嘉诚讲完故事后，微笑着说："我没有资格让你来摸我的脚板，但可以告诉你，我脚底的老茧也很厚。"

一位成功人士曾经说过："我不知道有谁能够不经过勤奋工作而获得成功。"寓言中守株待兔的人，曾经不费吹灰之力就得到一只兔子，但此后他就再也没有得到半只兔子。培养孩子勤奋的习惯，才能让孩子敲开成功之门。

捷足才能先登，养成勤奋的好习惯

王献之用数年时间用完18缸水，成为与他父亲王羲之一样伟大的书法家。

太厉害了，我要学习他的勤奋精神。

加油，再努力一下就跑够10圈了。

妈妈，我把石子含在口里可以练口形。有一个著名演讲家就是这样练的。

你考上高中了，要更加努力。将来考到好大学，实现你的主持人梦想。

我会的，爸爸。我记得哈佛凌晨4点半的故事。

勤奋是克服"先天不足"的良药，是通往荣誉的必经之路。培养孩子从小养成勤奋的好习惯。

三、 四年级孩子良好习惯养成一览表

项目	内容
认真习惯	1. 克服浮躁情绪，认真把一件事情做好 2. 尽量把事情做到完美 3. 开始练字，书写要工整，作业要整洁
勤奋习惯	1. 要制订自己的学习计划，当日事当日毕 2. 为自己树立一个学习榜样，鼓励自己向榜样学习 3. 广泛学习课外技能，如篮球、游泳、画画等
合作习惯	1. 做老师的小帮手 2. 学会在团队中分工合作 3. 认识到自己是集体一分子，积极参加集体活动
独立习惯	1. 学会自己整理房间、自己洗衣服、与父母一起做家务 2. 自己定闹钟，按时作息 3. 自己安排学习计划
自律习惯	1. 学会管理自己的情绪，不随意发小脾气 2. 学会说和善的语言，文明举止 3. 培养爱心，学会帮助别人
勤俭节约习惯	1. 爱惜食物，知道一粥一饭都来之不易 2. 把不用的玩具、书本、衣物送给有需要的人 3. 即使家境富裕，也不要养成浪费的习惯
创新思维习惯	1. 培养自己的想象力，让自己天马行空去想象 2. 学会举一反三，善于思考和发问 3. 多玩智力玩具，培养灵活大脑
学习习惯	1. 每天预习、复习，掌握学习方法 2. 独立学习、独立思考。学习抽象思维和归纳能力 3. 广泛阅读课外书，拓宽知识面，为写作打好基础

★ 不因学习困难而放弃梦想，不因理想遥远而放弃挑战。

★ 永远不停止向内探寻自己的内心喜悦，不停止向外探寻自己的能力边界，不放弃塑造期待中最好的自己。

第五章

分享才能共赢，让孩子养成合作的好习惯

团队的力量是强大的

  合作精神是时代呼唤的主旋律。一个人只有融入一定的团体，才能把外界的力量转化为自身的力量，一个人的价值也只有在团队中才能体现得更充分。如果没有协作精神，那么就很难显露自己的优秀。

  独木不成林，单人难成事。人生中处处离不开合作，一项发明，往往是许多科学家相互合作的结晶；一项技术，总是一个研究所的人共同合作完成的；孩子们的一份大作业，也需要小组成员共同完成。学会合作，才能更好地实现目标；学会合作，才能更加快速地走向成功。不要认为与他人合作就是一种不自立的表现、一种不成熟的行为。学会合作意味着你学会了走向成功的另一种方法。

  廉颇和蔺相如都是战国时期赵国的大臣。

  廉颇英勇善战，曾领兵攻打齐国，立下赫赫战功，被拜为大将。

  蔺相如原来是赵国一位宦官头目家中的门客。有一次秦昭王派人带着国书向赵王索取价值连城的"和氏璧"。蔺相如奉命入秦，在秦王面前据理力争，终于保全了和氏璧。公元前279年，他随赵王到渑池与秦王相会，维护了赵国的尊严，使秦国没有赚到便宜。由于他在强大的秦国面前表现出的大智大勇，赵王便封他为上卿，职位在廉颇之上。

蔺相如地位的变化，使廉颇愤愤不平。廉颇认为自己有攻城野战之功，而蔺相如只有口舌之劳，因此自己的地位应比蔺相如高，可事实却恰恰相反。因此他扬言："不愿意与蔺相如同朝为官。有朝一日见到他，非给他点颜色看看不可！"廉颇存心当众羞辱蔺相如，好摆一摆自己的老资格。蔺相如对这位老将军却是一再忍让，不同他计较。

有一天，蔺相如带着随从外出，没想到冤家路窄，老远就看见廉颇骑着战马威风凛凛地迎面走来，蔺相如忙退到小巷里躲避。这一来，在蔺相如手下做事的人都感到没面子，认为他怯懦胆小，纷纷要求离去。

蔺相如留住大家，心平气和地对他们说："诸位看廉将军和秦王相比，究竟哪一个厉害呢？"大家说："当然是秦王厉害。"蔺相如又说："秦王虽然强大威风，而我却敢在秦国朝廷上当面斥责他，羞辱他的大臣。我虽然无能，也不至于害怕廉将军吧！但我想，强横的秦国之所以不敢欺负赵国，是因为他们知道赵国文有我蔺相如、武有廉颇将军罢了。我们之间如果闹不合，两虎相斗，必有一伤，这时秦国就会乘虚而入，造成亲者痛、仇者快的情景。我之所以对廉将军一再忍让，完全是以国家的危难为重，不计较个人的恩怨啊！"

这些话传到了廉颇那里，廉颇十分感动，羞愧难当。他立刻脱下上衣，背着荆条，主动上门请蔺相如责罚自己。蔺相如一见老将军负荆请罪，赶忙把他扶起来。于是两人言归于好，同心协力保卫赵国。在渑池之会以后的整整十年里，秦国一直不敢对赵国发动大的攻势。

人与人之间的交往，就是要在相互理解的基础上团结合作。一个人的力量是有限的，只有和大家一起合作才能成大事。在孩子成长的过程中，要参加许多团队活动，与人合作可以凝聚团队力量，共同成长，共同进步。

互相协作，取长补短

孩子们在学校的任何集体活动中，都需要互相配合，发挥各自优势，才能顺利把活动完成。相互协作，可以取长补短。

美国生物学家沃森和英国生物物理学家克里克之间的默契合作一直被科学界传为佳话。他们之间的合作就是一个相互取长补短、共同进步的范例。

1953年3月7日，美国生物学家沃森和英国生物物理学家克里克夜以继日、废寝忘食地工作，终于将他们想象中的美丽无比的DNA模型搭建成功了。

沃森和克里克的这个模型正确地反映出DNA的分子结构。此后，遗传学的历史和生物学的历史都从细胞阶段进入了分子阶段。

尽管沃森和克里克是相异的组合，但这并不妨碍他们之间近乎完美的默契配合，他俩正像DNA链中的互补碱基一样。世界本是一个多样化的存在，沃森的浪漫思维和克里克的严谨推理恰好形成一种统一体，让他们共同摘取了科学的桂冠。

DNA 结构的发现是科学史上最传奇的"章节"之一，沃森和克里克也因此打造了科学合作史上的"完美双璧"。

他们的性格并不相同，沃森的发散思维独步天下，经常有异想天开的创举，对他来说，没有思维和科学的框架，天马行空一样，根本不按常理出牌；而克里克正好相反，他以严谨的逻辑推理著称，没有经过严密的推理得出的结论是不会被他认可的。

但是，他们确实是互补的一对。沃森的突发奇想，经过克里克的严密论证，造就了 DNA 双螺旋结构的问世。假设他们分开来研究，沃森只能终日沉浸在天马行空的发散思维中，而克里克恐怕也只能在前人的理论基础里苦苦徘徊。

现代社会是一个专业化分工越来越细、竞争越来越激烈的社会，靠一个人的力量是无法应对千头万绪的工作的。在当今社会，我们比以往任何时候都更需要协作精神，资源共享、信息共享才能够创造出高质量的产品、高质量的服务。特别是团队成员之间，每一个成员都具有自己独特的一面，取长补短、互助合作所产生的合力，要大于两个成员之间的力量总和，这就是"1＋1＞2"的道理。一个人可以凭着自己的能力取得一定的成就，但只有把自己的能力与别人的能力结合起来，才能取得更大的成就。

培养孩子的协作精神，让协作成为习惯。这将为孩子在未来学习中打下一个很好的成功基础。

分享让快乐加倍，忧伤减半

分享可以让快乐加倍，忧伤减半。20 世纪最有名的无神论者西道尔曾经说过："如果想在短暂的一生中寻找快乐，那必以他人为中心，为他人设想，将他人的快乐作为自己的最大快乐，当周围的人们都幸福快乐的时候，自己才能因此而感染到愉快。"

从前在遥远的国度中，住着一位小王子。他是有史以来最忧伤的小王子之一，他从来不唱歌、游玩，也不笑，他总是显得非常悲伤、忧愁。他的脸紧紧皱成一团，小王子变得一天比一天悲伤。有一天，小王子不见了。他自己一个人离开了，去寻找那颗他所极珍爱的、遗失的快乐的心。

小王子找了一整天。他在城里的街道上和乡间的小路上搜寻，他在店铺里搜寻，也在富人居住的房门中张望。但是，到处都找不到他那颗遗失的心。到傍晚，他又累又饿。他从来没有走过这么远的路，感到更加不快乐。

太阳下山时，小王子来到一栋位于森林边缘的小屋子前。屋子看起来非常破旧，有一线灯光从窗户中漏了出来。所以，他以一个王子的身份，拨开门闩，走了进去。

屋里有一位母亲正在哄婴儿睡觉，父亲正在大声地朗读一个故事，一个小女孩正在布置晚餐的餐桌，一个和小王子年龄相仿的小男孩正在生火。母亲穿的衣服很旧了，他们的晚餐只有麦片粥和马铃薯，炉火也很小，但是一家人都像小王子所渴望的那么快乐。孩子们光着脚，脸上却挂着笑容，而母亲的声音是那么的甜美！

"你要和我们一起吃晚餐吗？"他们问。

他们似乎没有注意到王子那张皱成一团的脸。

"你们快乐的心在哪里？"王子问他们。

"我们不知道你在说什么。"小男孩和女孩说。

"为什么？"王子说，"你们每个人都像脖子上戴了金链子一样，才会这么快乐。我也很想像你们一样。你们的金链子在哪里？"

啊！这些孩子们开心地大笑！

"我们不需要戴金链子，"他们说，"我们都深深爱着我们的家人。我们在游戏时把这间屋子当成城堡，我们用火鸡和冰淇淋当晚餐。晚餐后，妈妈与我们一起分享这些快乐的时光，给我们讲故事，互相分享游戏的乐趣，我们只需要这些就可以很快乐了。"

"我要留下来和你们一起用晚餐。"小王子说。

所以他就在这间像是城堡一样的小屋子里吃晚餐，

把麦片粥和马铃薯当作是火鸡和冰淇淋。他帮忙洗碗盘，然后他们都坐在火炉前。他们把小小的炉火看成是烧得又旺又大的火焰，一边听母亲说着仙女的故事。

突然，小王子开始笑了。他的笑容就像鲜花般灿烂，他的声音也像音乐一般甜美。

这个晚上，他过得非常快乐。然后，小男孩陪着他走上回家的路。当他们就快抵达皇宫大门时，王子说："真奇怪，但我真的觉得好像已经找到了我的快乐的心。"

小男孩笑了起来。

"有什么好奇怪的，你已经找到了，"小男孩说，"只不过现在你把它戴在身体里面了。"

快乐来自分享，一个人快乐的时候如果有人能和他一起分享，那么他的快乐就会加倍。相反，如果没有人和他一起来分享快乐的话，那么他原有的这份快乐也会失去。

一个人不管是拥有还是失去，是愉悦还是痛苦，都需要有人来和他分享。分享可以使快乐加倍、忧伤减半。让孩子学习分享吧。

汤米是英国一家私立中学的学生，他是一个善良而又乐于助人的孩子。在他家附近，住着一对老夫妇。汤米每天早晨上学都能看见这对老夫妇孤单的身影，虽然他们的衣着都非常整洁，但是可以看出，无论是衣服的样式还是布料，都已经有很多年头了。老夫妇的身体都不好，而且妻子还双目失明、下肢瘫痪，每天只能坐在轮椅上，由她的丈夫照顾。

　　因此，汤米决定做一点什么，帮助这对老夫妇，也让他们能够感受到生活的快乐。为此，汤米进行了精心的准备。在一年一度的圣诞节前夕，征得父母的同意之后，汤米很郑重地来到商店，用自己所攒的零花钱买了一棵非常漂亮的圣诞树，然后把它拿回家，精心地装饰了一番，又去商店买了一些礼物，在圣诞节前夜送到了那对老夫妇家里。

　　因为汤米一直有一个心愿：让自己的每一个圣诞节都非常快乐。所以他希望自己能够和老人一起分享这个美丽的圣诞节，让老人也分享到自己的快乐。

　　两位孤独的老人收到汤米送去的礼物时，竟然感动得哭了起来。因为他们已经很多年没有欣赏过圣诞树了，也很久没有体会到被别人关心的快乐了。

　　为了让老人能够真正地快乐起来，从那以后，汤米经常在每个星期都抽出时间去拜访他们，为他们修剪草坪，或者浇浇花、剪剪枝。每一次拜访，这对老夫妇都会提到那棵圣诞树，提到那个愉快的充满温馨的圣诞节。

　　对汤米来说，他所做的仅仅是一件小事，但他从中收获的快乐，却是十分充足和珍贵的。

正是由于汤米的友好，两位原本寂寞孤独的老人再次获得了快乐与幸福。

由于汤米的善举，他自己的快乐因为有那对老夫妇的分享而变得更多了。而那对老夫妇也因为汤米为他们带来的快乐忘记了自己的孤独和忧伤。孩子们，当你感到快乐或者难过的时候，不妨找一个人来分享，你就会发现分享可以使你忘掉忧伤，让你的快乐加倍。

永远和团队拧成绳

一个成功的人必定是一个善于合作、善于融入集体的人。和团队拧成一条绳，这是一个为我们未来打下基础的良好习惯。因为谁都不可能是一座孤岛，一个孩子要取得学业上的进步，必须学会与别人一道努力，并能够与别人合作。这个习惯可以让孩子不再孤独。因为，和大家在一起，你会收获很多阳光、很多欢笑，以及很多很多的爱与温暖。

一个人的力量是有限的，只有大家拧成一股绳，才能产生无比强大的能量，获得一个人无法取得的成就。

彼得大帝小时候十分喜欢玩游戏，尤其是玩军事游戏。可是，他是个皇帝，这就使得他有一种与生俱来的优越感。因此，在游戏中他总是做首领，总是无礼地指挥小伙伴们干这干那，有时还会随意打骂他们，致使小伙伴们总是躲着他。小彼得也感觉到了小伙伴们对他的疏远，但他搞不明白为什么，就去向他的一位叔叔请教。

叔叔听他说了自己的困惑，哈哈一笑，引导他说：

"你是不是希望他们可以和你亲密无间啊?""是呀。"小彼得一听叔叔一语中的,高兴地回答。"那你知道问题出在哪里吗?"叔叔进一步问。"我就是因为不知道才来问您的。"彼得不高兴地回答。叔叔说:"虽然你是皇帝,但他们还是很愿意和你一起玩,只是你总是以皇帝自居,在游戏中没有礼貌地叫他们干这干那。你喜欢争强好胜是对的,但你总是利用你的地位来达到这一切就不好了。"

"他们原来是因为这个啊。"听了叔叔的分析,彼得高兴得一蹦三尺高。随后,他又为难地问叔叔:"那我以后应该怎么做呢?"叔叔看到小彼得诚心改过,也希望小彼得成为一位人人尊敬的好皇帝,就进一步引导他:"首先,在游戏中你应当把自己当成他们中普通的一员,而不是什么皇帝,要平等地对待小伙伴们。然后,在行动上对你的伙伴要讲理,有时也应听听他们的想法,不可无理取闹。总之,你要融入他们当中去,去体会和了解他们的感受和想法,去和他们合作,共同完成游戏,这样你就会从中学到很多东西。"叔叔最后补充说:"我觉得你应该在明天游戏的时候试着去当个普通的士兵,然后慢慢和你的小伙伴们接近,直到他们接受你为止。"小彼得点了点头。

第二天,小彼得对大家说:"从今天开始,我在游戏中不当司令了,我就当一个士兵吧。"大家感到很奇怪,小彼得接着说:"你们以后就叫我彼得好了,我希望大家在游戏中互相合作,打好我们的仗。"

慢慢地,在军事演习中,小彼得身先士卒,和小伙伴们一起冲锋陷阵、摸爬滚打,经常是一场游戏结束,衣服磨破了，手脚也擦伤了，但他毫不介意，还对小伙伴们说："不要紧的，你们不是也和我一样吗，在这里我只是一个小兵而已。"

集体是我们成长的摇篮，和大家拧成一股绳，你会在集体中汲取营养，脱颖而出。

孩子们在日常的学习和生活中，相互间难免会有很多挤压和碰撞，但是我们要有集体的意识，在集体的智慧中，筑起共同的新高度。

1. 和大家拧成一股绳还需要奉献与分享

一位著名的企业家曾说过："当别人遇到困难时，我不会坐视不管，我会尽力帮助他，这样做不但不会让我损失什么，反而会给我带来荣誉，让我的事业更加顺利。"

这就是集体智慧中的奉献与分享。当我们在帮助别人的时候，无形之中也会体现出自己的价值，也会让自己赢得竞争中的成功。因此，孩子们应善于利用集体的智慧，用无私的奉献和分享，润滑合作中的摩擦，从而使双方的成果得以扩大。

只有在合作中勇于奉献、乐于奉献，才有分享成功的资格，才能发挥集体的智慧，将心与心串联成通向成功的天梯。

2. 集体的智慧不是互相依赖

集体的智慧，还在于要指导彼此如何克服自身的短处，发挥自身的长处，而不是完全依赖对方的优点，漠视自己的缺点。

有这样一对朋友，一个动手能力强，一个动脑能力强。本来是一对很好的合作伙伴，并且有希望通过双赢的理念，成功地做一些事情。

可是，在具体合作的过程中，擅长动脑的经常不切实际地幻想，让擅长动手的去做。他认为自己就是负责想，想出来后就完全依赖另外的人做。

擅长动手的人也很糟糕，他没有提供一些切实的改进建议反馈给动脑的人，擅长动手的人认为动脑就是别人的事，就应该想得周详，而自己只是负责实施，能做就做，不能做就扔下不管。

可想而知，他们这样是不可能拥有双赢效果的，因为他们没有一条心，只是都把希望寄托在别人身上。这样做的后果必然是，动脑的人越来越不知道怎样做，动手的人越来越不知道怎样想——他们的依赖致使双方的长处都没有充分地发挥出来，短处反而更加明显。

所以说，在集体的合作智慧中，一定要摒弃依赖的心理。

3. 学会欣赏别人、尊重别人

有时候，我们中的一些人会出现这样的情况：自己有了进步，就欢呼雀跃，高兴得手舞足蹈，可当别人有了成绩时，却视而不见、充耳不闻，甚至挖苦别人。我们应该十分清醒地认识到这种做法是没有修养的表现。

一位学者说过："一个人总能在某一处胜过别人，而在这一处上又总会有更强的人胜过他。学会欣赏每个人会让你受益无穷。"智者尊重每个人，因为他知道人各有其长，也明白成事不易。

学会欣赏别人、学会与人合作是一笔宝贵的财富。

总之，孩子要记住：众人拾柴火焰高！

1 +1 >2，合作才有强大生命力

　　北美有一种生存时间极长、极具生命力的植物——红杉。它之所以生命力如此顽强，就是因为它的生存隐含了一种"团队合作"的力量。这种力量坚不可摧！

　　美国加州的红杉，其高度大约是90米，相当于30层楼高。

　　科学家深入研究红杉，发现了许多奇特的现象。一般说来，越高大的植物它的根理应扎得越深，但红杉的根只是浅浅地浮在地表而已。从理论上讲，根扎得不够深的高大植物是非常脆弱的，只要一阵大风就能将它连根拔起，可红杉又为何能长得如此高大且屹立不倒呢？

　　研究发现，红杉都是成片地生长在同一个地方，并没有独立生长的红杉。这大片红杉彼此的根紧密相连，一株连着一株，结成一大片。自然界中一般的飓风，也无法撼动几千株根部紧密连接、占地上千公顷的红杉林，除非飓风强到足以将整块地皮掀起。

　　红杉的根浅，也正是它能长得如此高大的原因。它的根浮于地表，方便、快速而大量地吸收赖以生长的水分，从而得以迅速生长。同时，它也将一般植物用于扎下深根的能量来向上生长。

造物主在世界各地为人们留下了成功的启示，只看我们是否能细心地去体会与领悟。

既然连植物都因"合作"而增强生命力、延续基因，为什么人类就不可以呢？成功不能只靠自己的力量，还需依靠别人。只有互相帮助，更多人一起成功，你自己才能更成功。

作为社会中的一员，谁也不能总是单独行动，有些事情靠一个人的力量是无法完成的，因为每个人的能力总是有限的。

有些人精力旺盛，认为没有自己做不到的事。其实，精力再充沛，个人的能力还是有限度的。超过这个限度，就是人所不能及的，也就是你的短处了。每个人都有自己的长处，同时也有自己的不足，这就要与人合作，用他人之长补己之短，养成合作的习惯。

给大家讲一个故事：

从前，有两个饥饿的人得到了一位长者的恩赐：一根渔竿和一篓鲜活硕大的鱼。其中一个人要了一篓鱼，另一个人要了一根钓竿，于是，他们分道扬镳了。

得到鱼的人原地就用干柴搭起篝火煮起了鱼，他狼吞虎咽，还没有品出鲜鱼的肉香，转瞬间连鱼带汤就被他吃了个精光。过了一段日子，他便饿死在空空的鱼篓旁。另一个人则提着钓竿继续忍饥挨饿，一步步艰难地向海边走去，可当他已经看到不远处那蔚蓝色的海洋时，他用尽了浑身最后一点力气，也只能带着无尽的遗憾撒手人间。

又有两个饥饿的人，他们同样得到了长者恩赐的一根钓竿和一篓鱼。可是他们并没有各奔东西，而是商定共同去找寻大海。他俩每次只煮一条鱼，经过艰难的跋涉，来到了海边。从此，两人过上了以捕鱼为生的日子。几年后，他们盖起了房子，有了各自的家庭、子女，还有了自己建造的渔船，过上了幸福安乐的生活。

这个故事告诉我们，在面临困境时，无论你的眼光是短浅还是长远的，依靠自己一个人的力量往往很难摆脱困境。只有合作，产生一种"合力"，才能推动你渡过难关。

克雷洛夫说过："一燕不能成春。"一个人无论多么优秀，如果离开别人的配合，就无法把自己的事情做好，也无法在未来的学习中出成果。我们的学校是由各怀特长的人共同组成的，每个人都有自己的优点，都是不可取代的，只有相互合作、取长补短，才能够取得成功。

所以，孩子需要与人合作，独自一人很难取得成功。

分享才能共赢，养成合作的好习惯

你们两个要互相分享。

我们两个互相配合，就可以摘到水果。

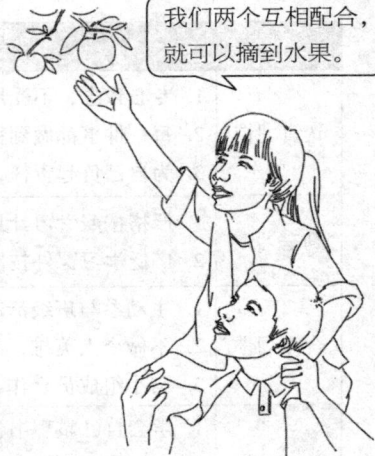

接住，加油。

我们赢了，这个荣誉属于我们大家。

只有合作才能共享资源，团结才能凝聚团队力量。让孩子从小养成合作的好习惯。

五、 六年级孩子良好习惯养成一览表

项目	内容
认真习惯	1. 专心致志，不受周围和社会浮躁情绪影响 2. 每一件事都做到精益求精 3. 为自己负起责任，不做"差不多先生"
勤奋习惯	1. 严格按照学习计划学习。 2. 广泛学习课外技能，如篮球、游泳、画画等
合作习惯	1. 主动参与班级活动规划设计 2. 不做个人英雄，与团队拧成一股绳 3. 与小组成员合作，取长补短，发挥每个人优势
独立习惯	1. 学会自己整理书包、书柜、房间，管理自己的事务 2. 参与家庭事务，学着"当家做主" 3. 根据课堂教学制订学习计划，安排好学习步骤
自律习惯	1. 学会控制自己的情绪，要有同理心和共情意识 2. 学会换位思考 3. 学会分辨朋友，与优秀的孩子在一起
勤俭节约习惯	1. 不要虚荣，不要攀比 2. 把不用的玩具、书本、衣物送给有需要的人 3. 学会关心弱势群体，节约你的零钱去献爱心
创新思维习惯	1. 多观察生活中的细节，培养自己的观察力 2. 课堂知识学会举一反三，善于思考和发问 3. 打开广阔的思维空间，给想象力插上翅膀
学习习惯	1. 善于预习和复习，抓住知识的脉络和关键点 2. 广泛阅读科普和文史书，拓宽知识面 3. 掌握学习方法，让学习事半功倍

★不因学习困难而放弃梦想，不因理想遥远而放弃挑战。

★永远不停止向内探寻自己的内心喜悦，不停止向外探寻自己的能力边界，不放弃塑造期待中最好的自己。

第六章
创造力就是生命力，
让孩子养成创新思维的好习惯

想象力是第一生产力

那些荒诞不经的想法、大胆的猜测、标新立异的假说，这些创新思维的利剑，往往能劈开传统观念的枷锁。这就是你的想象力！

从古到今，许多对人类历史做出巨大贡献的伟人，都将想象力看作是一种不可或缺的能力。法国学者狄德罗说："想象，这是种特质。没有它，一个人既不能成为诗人，也不能成为哲学家，也就不成其为人。"瑞典化学家诺贝尔说："想象是灵魂的眼睛。"现代物理学的开创者爱因斯坦说："想象力比知识更重要，因为知识是有限的，而想象力概括着世界的一切，推动着进步，并且是知识进化的源泉。严格地说，想象力是科学研究中的实在因素。"无论是在人类生活的哪个领域，想象力都发挥着至关重要的作用。

1882 年，费勃出生在地中海边的法国马赛市，爸爸是一位造船师。有一天，小费勃跟着爸爸来到海边玩，看到远处的大海上驶来了一条船，便好奇地说："爸爸，船为什么能在水里跑呀?"

"船下有螺旋桨,能够划动水,水动了,就把船推走啦。"爸爸乐呵呵地说。

"有没有在天上飞的船呢?"小费勃好像要打破砂锅问到底。

"傻孩子,那就不叫船啦,应该叫飞机才对。不过,飞机只能在天上飞,不能在水上跑。"

"嘿!长大了,我一定要造一艘能飞到天上的船。"小费勃握紧了拳头。

"好啊,有出息,现在好好学习,将来才能实现这个美好的愿望!"爸爸欣慰地拍了拍小费勃的肩头。

转眼到了1905年,23岁的费勃先后完成了工程学、流体力学、空气动力学等学科的学习,真正开始了飞船的制造。经过4年的努力,他造出了第一艘水上"飞船",其实就是在一般的飞机下安装3个浮筒,使飞机能浮起来,但是无法飞起来。直到1909年,他才造出一艘与众不同的"船":机身前面是一个浮筒,机翼下面还有两个浮筒;机翼安装在机身的后面。整个"船"的构架是木头做成的,浮筒是胶合板制成的,整个"船"既轻巧又灵便。

1910年3月28日,费勃带着他自制的这艘与众不同的"船",在马赛市的海面进行了试验。在众人的瞩目下,他启动了发动机,随着一阵轰鸣声,"船"像离弦的箭般向前飞奔起来,顿时在水面上划出了一道耀眼的水波。他成功了,他的船以每小时60公里的速度直线飞行,在空中飞行了500米左右,成了人类第一艘能够飞上天的船，或者说是第一架能够从水面上起飞的飞机！

　　第二年，在摩纳哥举行的船舶展览会上，费勃驾驶着自己制造的船进行水上飞行表演，再获成功。后来，科学家对费勃设计的水上飞船进行了改进，把机身改成了船形，取消了浮筒，成了真正的"飞船"。

　　一个童年时的想象，费勃将其变为了现实，从而创造了飞船。由以上案例可见，很多伟大的成就，都是从跳跃的想象开始的。想象能够充分激发人体潜藏的能量，使思维之流逍遥神驰。它会让头脑变得活跃而充满创造力，这样的头脑具备了创造奇迹、改写历史的能力。

　　在生命的旅途中，想象力就像是个调皮的精灵，它不停地环绕在你的周围，总是给你灵感，激发你的创造能量！所以孩子，要想让你的生命永远光鲜亮丽，那就为自己插上一双想象的翅膀吧，让自己养成创新思维习惯。

用好奇心探索世界

　　孩子在呱呱落地之时，脑海里是一片空白，周围的一切事物对儿童来说都是新奇的。所以，孩童时代，孩子对周围的一切包括天文、地理、社会等都充满了疑问，总认为其中都包含了很多不知道的奥秘。好奇心往往驱使孩子凡事都要问个究竟，于是孩童经常缠着大人问个不停。然而，当他们长大成人之后，好奇心就逐渐减退了。对待周围的事物就变得熟视无睹、习以为常，不再去追问事物的来龙去脉。岂不知在减少好奇心的同时，他们也在丧失探索世界奥秘的动力。

　　牛顿是享誉世界的数学家、物理学家、天文学家。他在天文、物理领域的贡献极大地推动了人类文明的进程，被公认为人类历史上最伟大、最有影响力的科学家。牛顿身上具有很多作为科学家必备的精神和特质，好奇心就是其中一项。他从小就对周围的事物充满了好奇，总是在努力寻求事物的来龙去脉。苹果落在地上，这样的现象大家都会认为是理所当然的，很少有人去追问其中的缘由。牛顿则对这个现象充满了困惑，他在思考的同时，也在努力去学习、探索究竟是什么力作用于苹果呢？最终发现了万有引力。很难想象，牛顿发现高深莫测的万有引力的起因就是苹果落地这样再平常不过的现象。

瓦特改良蒸汽机的贡献，也是因为对烧水壶上冒出的蒸汽十分好奇，才驱使他不断思考如何把蒸汽利用起来，最终有了改良蒸汽机的问世。这些科学家之所以能够取得震惊世界的成就，无不源于好奇心的驱动。他们就是对这些再平常不过的现象产生了疑问，正是好奇激励着科学家不断地学习，不断探索其中的奥秘，最终凭借坚持不懈的韧性取得了成功。

当然，好奇心并非是科学家的专利，我们普通人同样也拥有一颗好奇心。遗憾的是，孩童时代的好奇心在以后成长的过程中渐渐地消退了。老师、家长、社会为孩子们解释了无数个为什么的同时，在无形之中也禁锢了他们的思维。成人很少再异想天开，只是按照已有的规则做事。

没有了好奇心，也就意味着思维的枯竭，创新的潜能也在一点点地熄灭。好奇心泯灭了，就很难再有驱动力去发现可能孕育创新萌芽的事物，就对创新设置了屏障。没有了好奇心，我们对时代环境的变化就会无动于衷、反应迟钝，也就很难在竞争中抢先一步、先声夺人。

只有把握时代的脉搏，才能在竞争中立于不败之地。我们所处的时代在不断地推陈出新，新产品、新技术、新的管理模式等都在不断涌现，这就要求我们不能只是一味墨守成规地模仿、跟随，而要有新想法、新创意的提出。

一切新产品、新观念的出现都是从好奇心开始的。只有善于发现，才能够让创新的萌芽破土而出，这就是新机会的开始。当然，创新的难度是很大的，芸芸众生中只有极少数的人才能有创新成果。但是，如果你不愿意去尝试，又怎能知道自己不是其中的一分子呢？而一切新成果的出现、新资源的利用，都是由好奇心驱动带来的。普通人中的很多人都是有发明潜质的，只是由于好奇心的弱化，就与有可能出现的这些奇迹擦肩而过了。

　　可能很多人会认为，仅仅有好奇心并不能解决问题，绝大多数的人纵然是有好奇心，但最终能有新发明、新创造的极少。但是，要明白，好奇心只是一种驱动力，有疑问仅仅只是开始。好奇心会驱动着人要永无止境地去学习、探索。接下来就要坚持不懈地学习、研究，要经历不断的失败、不断的跌倒、一次次地爬起来的艰苦历程。不能否认，即使经历这样的历程，很多人终其一生还是会一无所获。不过，重要的其实并不是最后的结果，而是在这个探索的过程中的收获。

大胆实践心中的创意

　　一个年轻人乘火车路过了一片荒无人烟的山野。由于旅途困乏，他百无聊赖地望着窗外，不知道该干点什么。这时，火车减速，一座农房慢慢进入了人们的视野。

　　这本是一间普通的平房，可因为它出现在人们神经极度困乏的时候，所以，几乎所有的乘客都睁大眼睛仔细地欣赏这道特别风景。

　　看着这样的情景，这个年轻人的心为之一动。于是，他中途下了车，找到了那座房子的主人。年轻人向房子的主人表达了想要买下这所房子的意愿，房主听了，非常高兴。因为这所房子门前每天都要驶过很多火车，噪声实在使他们受不了，他们一直以来就想卖掉这所令人烦恼的房子，现在居然有人找上门，实在感到喜出望外。结果，这个年轻人仅用 3 万元就买下了那间平房。

　　年轻人买下房子并不是为了居住，他觉得这座房子正好处在拐弯处，火车经过这里都会减速，所以他就突发奇想，打算拿这座房屋做广告墙。于是，他开始和一些大公司联系，后来一家跨国大公司用 18 万元租金跟他签下了三年合同。

一座被废弃的破房子，因为年轻人的创意成为跨国公司的广告墙，给年轻人带来了源源不断的收入。而那些与年轻人同车的旅客，习惯了固有的思维方式，看到的只是事物的表象，所以财富与他们擦肩而过。

这个年轻人敢于走别人没有走过的路，努力去实践心中大胆的创意，最终一步步迈向成功。

哈佛大学的教授们经常说的一句话就是："这个世界上没有什么不可能。"我们平时也经常听到"没有做不到，只有想不到"这句话。很多时候不是因为我们做不到，而是因为不敢想、不愿想。所以，不要惧怕创新，创新就是"敢"于打破常规的束缚。唯有敢于实践心中创意的人，才能够取得异于常人的成就！

突破标准答案

斯坦福大学的一名教授曾经给学生布置过这样一个作业：把班级中的学生分成几组，每组都可以拿到教授发的一个装有 5 美元的信封，而这 5 美元正是他们在这项作业中的启动资金，这个任务要求他们，在两天内，用这 5 美元创造更多的金钱。

这是一项很挑战同学们创新精神的作业，利用 5 美元的启动资金来赚钱，可能有很多常规办法可以让 5 美元创造更多的价值。有的小组做起了小生意，他们利用这 5 美元买了一些水果，然后摆摊卖。但是，这样做的小组所挣到的钱毕竟有限。有的小组干脆豁出去到赌场一试运气，结果 5 美元变成了 0 美元甚至负数。真正能够让 5 美元大大翻倍的小组，都是突破常规答案的小组。

他们是怎么做的呢？

他们没有让这 5 美元的启动资金禁锢了自己的思维，事实上，如果说要创业，5 美元真的是少之又少，于是，他们用更广阔的眼光，打破思维的束缚去思考这项任务：

假如你一无所有，你该如何去赚钱？

他们充分利用了自己的观察能力和创新思维能力。

有一个小组发现了大学周边普遍存在的问题：每到周末晚上，一些不错的餐厅往往会爆满，等一个位子要排很长时间的队。于是他们决定在那些不想花时间排队等位的人身上赚钱。首先，他们分头向几家餐厅预订座位。到了用餐的高峰期，他们就把订到的座位卖给不想等位的人，每个位子最多可以卖到20美元！

上面的例子给了我们这样的启示：

1. 机遇无处不在，只要你注意观察，在任何时间、任何地点，你都能发现很多亟待解决的问题

像常见的，在一家生意红火的饭店找一个位子、给自行车充气等，这些都是小问题。而那些和社会发展息息相关的问题，就是大问题了。就像一位企业家所言"问题越大，机会也就越大，没人会花钱请你去解决不是问题的问题"。

2. 不论问题大小，通常都能利用现有资源，找到解决的办法

一个具有创新精神的人，一定是能够发现问题，并将问题转化为机遇的人。他们会用一些创新的方法，利用有限的资源来实现他们的目标。然而大部分人遇到问题时，第一个想到的就是这问题似乎无法解决，因此忽视了那些有创造性的方法，即使这方法摆在眼前，也都被他们错过了。

3. 我们经常把问题禁锢在狭隘的框架中

例如，当遇到在两小时内赚到钱这样一个简单的问题时，大部分人马上就会想到那些老套的"标准"答案。他们不会重新审视问题，也不能从更广阔的视角来观察问题。

　　其实，揭开这层蒙眼布，世界就会变得很不同，到处充满机遇。参加这个项目的学生们都深深体会到了这一点，他们坚信，在以后的生活中，自己再不会轻易言败，因为就在你周围，总有那么多问题是等着你去解决的。

别让你的思想变成你的囚徒

"只会使用锤子的人，总是把一切问题都看成钉子。"在一般情况下，大多数人总是惯用常规的思考方式。因为它可以使你在思考同类或相似问题的时候，省去许多摸索和试探的步骤，不走或少走弯路，从而缩短思考的时间，减少精力的耗费，又可以提高思考的质量和成功率。但是，这样的思维定式往往会起一种妨碍和束缚的作用。它会使人陷在旧的思维模式的框框中，难以进行新的探索和尝试。应当突破常规的想法，摆脱束缚思维的固有模式。

一次，一艘远洋海轮不幸触礁，沉没在汪洋大海里，幸存下来的9位船员拼死登上一座孤岛，才得以存活下来。但接下来的情形却很糟糕，岛上全部都是石头，没有任何可以用来充饥的东西。更为要命的是，在烈日的暴晒下，每个人都口渴得冒烟，水成了最珍贵的东西。尽管四周是水——海水，可谁都知道，海水又苦又涩又咸不说，喝了会导致脱水而死，根本不能用来维持生命。

现在 9 个人唯一的生存希望是老天爷下雨或别的过往船只发现他们。但是，老天没有眷顾他们，没有任何下雨的迹象，天际除了海水还是一望无际的海水，没有任何船只经过这个死一般寂静的岛。渐渐地，他们支撑不下去了。

8 个船员相继渴死，当最后一位船员快要渴死的时候，他实在忍受不住，扑进了海水里，"咕嘟咕嘟"地喝了一肚子海水。船员喝完海水，一点儿也觉不出海水的苦涩味，反而觉得这海水非常甘甜、非常解渴。他想：也许这是自己死前的幻觉吧，于是他静静地躺在岛上，等着死神的降临。

他一觉醒来后发现自己还活着，船员感到非常奇怪。于是，他每天靠喝这岛边的海水度日，终于等来了救援的船只。后来人们化验这里的海水发现，这儿由于有地下泉水不断翻涌，所以，这里的海水实际上是可口的泉水。

有时候，把你陷入困境的不是未知的东西，而是那些你已经熟知的思维方式。莎士比亚也说过："别让你的思想变成你的囚徒。"

据说，牛顿曾养了一大一小两只猫，一次，牛顿请瓦匠砌围墙，为了让猫进出方便，他要求瓦匠在墙上开一大一小两个猫洞，以便大猫从大洞进出，小猫从小洞进出。围墙砌好后，瓦匠却只开了一个大洞，牛顿很不满意。瓦匠解释说，小猫不也可以从大洞进出吗？牛顿顿时恍然大悟。能从苹果落地的现象发现万有引力定律的牛顿，也被思维定式局限住了。

突破思维定式，
打破束缚你思想的墙

阻碍我们进步和创新的并不是未知的知识，而是已知的知识。要培养自己的创新能力，我们就应当突破自己的思维定式，学会换一个角度看事物。下面一个小故事形象地说明了思维定式对人判断力的影响。

李凡是一所中学的心理辅导老师。一天，他对学校的一个特长班的学生做了一次智力测试，结果发现这个班的学生得分很高，智商属于"天赋极高"之列。面对这群日益骄傲的少年，刚公布完答案的李老师笑了。他对同学们说："嗨，同学们，我来出一道题考考你们的智力。出一道思考题，看你们能不能回答正确。"

教室里安静下来，同学们纷纷表示同意。李老师便开始说思考题："有一位聋哑人，想买几根钉子，就来到五金商店，对售货员做了这样一个手势：左手食指立在柜台上，右手握拳做出敲击的样子。售货员见状，先给他拿来一把锤子，聋哑人摇摇头。于是售货员就明白了，他想买的是钉子。"李老师接着说:"聋哑人买好钉子,刚走出商店,接着进来一位盲人。这位盲人想买一把剪刀,请问:盲人将会怎样做?"不少同学随口答道:"盲人肯定会这样——"他们伸出食指和中指,做出剪刀的形状。听了同学们的回答,李老师开心地笑起来:"是吗?这是正确答案吗?盲人想买剪刀,只需要开口说'我买剪刀'就行了,他为什么要做手势呀?"

同学们沉默了,只得承认自己的回答错误。而李老师在考他们之前就认定他们肯定要答错。如果走不出自己的思维定式,即使有一个很高的智商分数也不会拥有创新思维,当然更不会培养出创新的思维习惯。

逆向思维是一种打破定式思维的常见方法,同时也是一种很重要的创新思维。

日本丰田汽车公司的创始人丰田喜一郎说过这样的话:"如果我取得了一点成功的话,那是因为我对什么问题都倒过来思考。"

法国微生物学家巴斯德通过研究和实验,证实了高温可以杀死细菌,食物可以在煮沸以后保存。英国科学家汤姆逊倒过来思考,推想低温条件下,细菌也会被杀死或停止繁殖,食物也可以通过冷却过程加以保存。深入研究后,他终于发明了冷藏新工艺。这就是突破思维定式的结果。

突破定式思维是打开创新之门的钥匙。犹太人以善于经商而闻名世界，他们在商业上的成功不仅得益于他们的精明和勤奋，而且还和他们善于打破常规思维的创新习惯有关。有一个例子很好地展示了犹太人善于打破常规、积极创新的一面。

　　有一天，一个衣着考究的犹太人走进纽约的一家银行，来到贷款部，大模大样地坐了下来。

　　"请问先生有什么事情吗？"贷款部经理一边问，一边打量着来人的穿着：豪华的西服、高级皮鞋、昂贵的手表，还有领带夹子。

　　"我想借些钱。"

　　"好啊，您要借多少？"

　　"1美元。"

　　"只需要1美元？"

　　"不错，只借1美元。可以吗？"

　　"当然可以，只要有担保，再多点也无妨。"

　　"好吧，这些担保可以吗？"

　　犹太人说着，从豪华的皮包里取出一堆股票、国债等，放在经理的写字台上。

　　"总共50万美元，够了吧？"

　　"当然，当然！不过，您真的只要借1美元吗？"

　　"是的。"说着，犹太人接过了1美元。

　　"年息为6%。只要您付出6%的利息，一年后按时归还，我们就可以把这些股票还给您。"

　　"谢谢。"

　　犹太人说完，就准备离开银行。

　　一直在旁边冷眼观看的分行长怎么也弄不明白，拥有 50 万美元的人，怎么会来银行借 1 美元。他慌慌张张地追上前去，对犹太人说：

"啊，这位先生……"

"有什么事情吗?"

"我实在弄不清楚，您拥有 50 万美元，为什么只借 1 美元呢? 您要是想借 30 万、40 万美元的话，我们也会很乐意的……"

"请不必为我操心。只是我来贵行之前，问过了几家金库，他们保险箱的租金都很昂贵。所以嘛，我就准备在贵行寄存这些股票。贵行的租金实在太便宜了，一年只需花 6 美分。"

贵重物品的寄存按常理应放在金库的保险箱里，对许多人来说，这是唯一的选择。但故事中的犹太商人没有囿于常理，而是另辟蹊径，找到让证券锁进银行保险箱的办法。从可靠、保险的角度来看，两者确实是没有多大区别的，除了收费不同。由此可见，创新就在于你能不能从一些常规的思维或者是一些已成定论的事实中跳出来，换个角度来看问题。

很多人不敢打破常规思维方式，所以他们走不出宿命般的可悲结局；而一旦走出了思维定式，也许可以看到许多别样的风景，甚至可以创造新的奇迹。

成功不是命，而是创造性思维的结果。每个人都渴望成功，只有打破常规思维，才能突破常规生活。只有积极思考、发挥创新思维，才能在平凡的生活中找到成功之路，实现成功梦想。让孩子从小学会逆向思维，就是给了孩子一把走向成功的金钥匙。

七至九年级孩子良好习惯养成一览表

项目	内容
认真习惯	1. 将出错率降到最低 2. 把每一件事都做到极致
勤奋习惯	1. 今日事今日毕。将来的你会感谢现在努力的自己 2. 全方位学习。除了知识，还有抗挫力、领导力等
合作习惯	1. 自己组建兴趣小组，积极培养自己的领导力 2. 学习带团队，学会分工协作 3. 学习给别人打配合，集体的荣誉是大家共同的荣誉
独立习惯	1. 能独立规划家庭出行计划，当好家庭小领导 2. 可以适当做义工，培养自己的社会生存能力 3. 学习地震、火灾、水灾等危险发生时的自救技能
自律习惯	1. 学会管理自己的情绪，能够换位思考 2. 学会时间管理 3. 不要沾染任何恶习
勤俭节约习惯	1. 不要虚荣，不要攀比 2. 理解父母的艰辛，少花一些零花钱
创新思维习惯	1. 多一些好奇心，好奇心是创新思维萌动的火花 2. 善于思考，善于想象，为创新思维插上翅膀 3. 多做一些逻辑思维游戏，培养思辨和创新思维能力
学习习惯	1. 学会快速阅读、学会提炼重点 2. 广泛阅读科普、文学书籍和名人传记，拓宽知识面 3. 学会做读书笔记、记日记

★不因学习困难而放弃梦想，不因理想遥远而放弃挑战。

★永远不停止向内探寻自己的内心喜悦，不停止向外探寻自己的能力边界，不放弃塑造期待中最好的自己。

第七章

时间就是金钱，
让孩子养成时间管理的好习惯

一寸光阴一寸金

很多孩子心里没有"一寸光阴一寸金"的概念，以致缺乏时间观念，经常出现懒散、懈怠或拖拉的现象。做事磨磨蹭蹭，比正常节奏慢半拍。家长对此很担心，害怕孩子这样下去，长大后会一事无成，想帮助孩子养成遵守时间的好习惯，提高做事效率，但却不知从何做起。

树立时间观念，方能提高办事效率。

孩子早晨起来后，穿衣、洗漱和吃饭都十分缓慢，让着急去上班的家长十分无奈；做作业时，孩子写一会儿作业，发一会儿呆，或是摆弄摆弄铅笔、小玩具什么的……面对孩子的磨蹭，大人虽然很心急却没办法。当孩子做事拖拉时，父母一定要保持平静，假如对孩子大声训斥、责怪，只能使事情变得更加糟糕。

倘若对孩子做事磨蹭的问题不加以纠正，一旦形成习惯，想要纠偏则会变得非常困难。并且，生活上磨磨蹭蹭的坏习惯会扩展到学习、交往等多方面，引起一系列后果。因此，父母要合理安排好孩子的生活，从点滴小事做起，引导孩子认识到提高做事效率的必要性，帮孩子克服做事磨蹭的不良习惯。

1. 发挥钟表的作用

加强孩子的时间观念，培养孩子对于时间的把握能力。孩子做事磨磨蹭蹭，与他们没有时间观念有关。应帮助孩子认识到磨蹭给自己和父母都会带来不好的后果，使他们接受意见并愿意改正。可与孩子一起制订一个互相监督的计划，让他监督父母有没有磨蹭现象，并及时交流监督结果；可与孩子一起制定一个生活日程表，记录每天早晨穿衣、盥洗、吃饭等所用的时间，并每隔一段时间总结讲评一下孩子进步的情况，孩子肯定会为自己时间观念的增强而感到兴奋，从而主动加快自己的做事速度，并逐渐学会把握好时间的技巧。

2. 注意引导方法

要孩子有时间观念，家长首先要做到惜时守时，讲求效率，以身作则。

帮孩子制定一套严格合理的作息时间表，并不断以鼓励的方式进行督促。如：可在孩子清晨准时洗漱时，奖励他一个小红花，当孩子获得五个小红花时，就满足他一个要求，比如带他去动物园或者游乐场等。

如果孩子在经过一段时间的锻炼后，依然做事磨蹭，父母也不要着急，可以帮他找出进步较慢的原因，重新因人制宜地修订原来的计划方案。

3. 让孩子学会一种技能

家长平时要注意观察孩子的兴趣爱好，比如游泳、武术、舞蹈、美术、弹琴等，然后征求孩子的同意，重点培养他学习一种技能。人的行为具有整体性，孩子通过学习和掌握技能，使自己的动作协调熟练了，相应就提高了学习效率，时间也利用好了。

4. 让孩子体味"快"的甜头

孩子在感觉到做事快对他来说大有好处时，才会认为做事快是值得的，是一种好的习惯。但父母一定要注意，孩子做事快了，效率高了，他做事时的动作才会因此而更加快起来。不要对孩子层层加码，要把孩子节约出来的时间还给孩子，在孩子较快完成了任务之后，给孩子自由安排活动的权力，让孩子去做一些自己感兴趣的事情。否则，将可能伤害孩子的积极性。

5. 让孩子品尝磨蹭的苦果

在品尝到磨蹭带给自己的苦果之后，孩子便会自觉地快起来。所以，让孩子为自己的磨蹭付出代价，让孩子自己去承担磨蹭的后果，也是一个改掉孩子磨蹭毛病的好方法。比如：孩子早上起晚了，家长不要急着去帮他，可以提醒孩子一下，"再不快点儿可要迟到了"。假如他依然在那里磨蹭，不妨任由他去，让他体验一次上学迟到的后果。孩子如果真的迟到了，老师必定会询问他为何迟到，孩子在受到批评之后，便会切身感受到磨蹭带给自己的害处，便会主动加快自己的做事速度。

有些时候孩子之所以做事磨蹭，也可能是不熟练的缘故，多练习几次，便可熟能生巧，自然会快起来。

做时间的主人

想一想，人的一生除掉幼年顽童期与老弱暮年期，能够用来学习和工作的时间只有短短的不足 50 年。而其中除却休息、吃饭、休闲娱乐、无聊发呆、交际的时间，所剩的可以有效利用的时间少之又少。而且，时间是一辆不会掉头的列车，错过了，就不会再追赶上。那么，要充分、合理地利用这有限的时间，学会时间统筹是必需的。

我们如何统筹安排自己的时间呢？

首先，我们头脑里面要对自己所做的事情有一个大致的轮廓。比如，今天都有哪些学习任务需要自己去完成？完成这些学习大概需要多长的时间？我们还会有多少由自己个人支配的时间？

然后我们就可以放手做需要做的事情了。但是在做某件事情的时候，就要把其他额外的想法都放下，把自己的精力全部集中在这件事上面，专心致志地完成你现在的这份学习任务，这个时候，心里只有学习，这样我们就能够提高学习效率了。

当完成某件事情之后，我们就可以让自己从紧张的状态中解脱出来，彻底地放松一下。比如，到了星期天，我们就可以睡个懒觉，或者与家人去郊外呼吸一下新鲜的空气，或者听听音乐，听听自己喜爱的歌曲，或者也可以上上网，和朋友们玩玩，以各种方式放松自己。只有休息好了，我们才可以让自己保持充沛的精力。

关于时间统筹，下面有几条准则，不妨让孩子试试看。

1. 明确目标，制订计划

时间统筹的第一项法则是明确目标、制订计划。目标能最大限度地聚集你的时间。因此，只有目标明确，才能最大限度地节省和控制时间。

人生的道路，时间和价值是存在对应关系的。有目标，一分一秒都是成功的记录；没有目标，一分一秒都是生命的流逝。爱默生说："用于事业上的时间，绝不是损失。"

每天都应把目标记录下来，并且把行动与目标相对照。相信笔记，不要太看重记忆，养成凡事预先计划的习惯；不要定"进度表"，要列"学习计算表"；条目要明确具体，比较大或长期的学习任务要拆散开来，分成几个小事项。

玫琳·凯说："每晚写下次日必须办理的6件要务，挑出了当务之急，便能照表行事，不至于浪费时间在无谓的事情上。"

确定每天的目标，养成把每天要做的学习任务排列出来的习惯，把明天要做的事，按其重要性大小编成号码，然后按轻重缓急有计划完成。

合理运用时间，可以让你生命中的每个日子都值得"计算"，而不要只是"计算"着过日子。孩子要学会定立可行的小目标，并根据每天的目标作出详细的学习计划。天天有目标，时时有计划，这样就能珍惜自己的时间，永不浪费。

2. 轻重缓急，主次分明

你也许会对那些成绩优异的学生的精力感到惊奇，他们每天有那么多的活动安排，却还能将自己的工作安排得有条不紊，不仅能轻松完成作业、阅读自己喜欢的书籍，还有时间休闲娱乐，难道他们一天不是 24 个小时吗？其实，答案是他们比别人更懂得"要干最重要的事情"。

列出你今天、这一周和这个月要处理的事情，在一张纸上画出一个平面直角坐标系，并在左上角贴上"重要而且紧急"的标签，你应在这一栏内填入必须立即处理的学习任务，并依次写下每项学习任务的处理日期和时间。

在右上角贴上"重要但不紧急"的标签，并填入必须做但不必立即处理的学习任务，同样依次写下每项学习任务的处理日期和时间。你应每天审查一下这一栏，看会不会有学习任务变成"重要而且紧急"的项目。

左下角贴上"不重要但却紧急"的标签，在这一栏中所填写的，都是一些必须立即处理的琐事，诸如要去看场电影，去买一些小东西，等等。

最后，在右下角贴上"不重要也不紧急"的标签，你当然可以让这一栏一直空着，反正写在这一栏的任务，都是你可以不必在意的，但本栏的目的在于告诉你事实上有许多事情是属于"不重要也不紧急"的项目。

3. 分配时间，提高效率

如果把最重要的任务安排在一天里你干事最有效率的时间去做，你就能花较少的力气，做完较多的工作。何时做事最有效率、最对自己的胃口，因各人的生物钟不同而有差异，我们要根据自己最佳的学习状况，最充分地利用最有效率的时间。当你面前摆着一堆事情的时候，应先问问自己的学习习惯，哪一些时间做什么事最有效？大凡成功者都是码放时间的高手。

1902 年，著名科学家科尔在纽约的一次学术报告会上，曾轻松地走到黑板前，很快列出了两条算式，两次计算结果相同，证明 2 的 67 次方减去 1 是合数，纠正了 200 多年来，其一直被当作质数的错误，使与会者不禁叹为观止。有人问他为此花了多少时间，科尔回答说："3 年内的全部星期天！"

每个人的生物时钟不同，但大体上是有相通性的。一般来说，人体在早晨 9 点到 11 点、下午 2 点到 5 点的注意力是比较集中的，这时的学习效率也是最高的。当然，也有人在晚上甚至睡觉前头脑最清晰、思路最敏捷，往往一些很有创意的设想就是在这个时间段迸发出来的。那么，仔细考察一下自己的状况，拿出最有效率的时间做最重要的事吧！

大家都知道华罗庚的时间统筹实验。浇水、择菜、学唐诗，很简单的事情，采用时间统筹的方法便可以节省很多时间，并且将事情做得有条不紊。他的实验告诉了孩子一个道理，时间统筹可以让你在最短的时间内做最多的事，而且每件事都可以做得很出色。

用好 20/80 法则

　　1897 年，意大利经济学家帕累托偶然注意到英国人的财富和收益模式，于是潜心研究这一模式，并于后来提出了著名的 20/80 法则，即二八法则。

　　帕累托研究发现，社会上的大部分财富被少数人占有了，而且这一部分人口占总人口的比例与这些人所拥有的财富数量具有极不平衡的关系。帕累托还发现，这种不平衡的模式会重复出现，而且也是可以提前预测的。

　　于是，帕累托从大量具体的事实中归纳出一个简单而让人不可思议的结论：

　　如果社会上 20% 的人占有社会 80% 的财富，那么可以推测，10% 的人占有了 65% 的财富，而 5% 的人则占有了社会 50% 的财富。

　　这样，我们可以得到一个让很多人不愿意看到的结论：一般情况下，我们付出的 80% 的努力，也就是绝大部分的努力，都没有创造收益和效果，或者是没有直接创造收益和效果。而我们 80% 的收获却仅仅来源于 20%

的努力，其他 80% 的付出只带来 20% 的成果。

　　显然，20/80 法则向我们揭示了这样一个道理，即投入与产出、努力与收获、原因与结果之间，普遍存在着不平衡关系。小部分的努力，可以获得大的收获。起关键作用的小部分，通常就能主宰整个组织的产出、盈亏和成败。

　　20/80 法则告诉人们一个道理，就是要把自己的精力放在自己的主要目的上，这是提高一个人工作和生活效率的关键。20/80 法则对学习的一个重要启示便是：避免将时间花在琐碎的多数问题上，因为就算你花了 80% 的时间，你也只能取得20% 的成效。你应该将时间花在重要的少数问题上，因为解决这些重要的少数问题，你只需花 20% 的时间，即可取得80% 的成效。

　　理查德·科克在牛津大学读书时，学长告诉他："要尽可能做得快，没有必要把一本书从头到尾全部读完，

除非你是为了享受读书本身的乐趣。在你读书时，应该领悟这本书的精髓，这比读完整本书有价值得多。"这位学长想表达的意思实际上是：一本书 80% 的价值，在20% 的页数中就已经阐明了，所以只要看完整部书的20% 就可以了。

理查德·科克很喜欢这种学习方法，而且以后一直沿用它。牛津并没有一个连续的评分系统，课程结束时的期末考试就足以裁定一个学生在学校的成绩。他发现，如果分析了过去的考试试题，把所学到知识的 20%，甚至更少的与课程有关的知识准备充分，就有把握回答好试卷中 80% 的题目。这就是为什么专精于一小部分内容的学生，可以给主考人留下深刻的印象，而那些什么都知道一点但没有一门精通的学生却不尽如考官之意。这项心得让理查德·科克并没有披星戴月终日辛苦地学习，但依然取得了很好的成绩。

运用 20/80 法则，理查德·科克大大地提高了自己在学习和工作上的效率，20/80 法则是一个时间管理上的利器。当我们把 20/80 法则应用到时间管理上时，就会出现以下假设。

一个人大部分的重大成就，包括一个人在专业、知识、艺术、文化或体能上所表现出的大多数价值，都是在他自己的一小段时间里达成的。在创造出来的东西与花在创造活动上面的时间这两者之间有极大的不平衡，不论这时间是以天、星期、月、年或一生为单位来度量。

如果快乐能测度，则大部分的快乐都发生在很少的时间内，而这种现象在多数的情况里都会出现，不论这时间是以天、星期、月、年或一生为单位来度量。

用 20/80 法则来表述就是，80% 的成就是在 20% 的时间内达到的；反过来说，剩余的 80% 时间，只创造了 20% 的价值。

一生中 80% 的快乐，发生在 20% 的时间里；也就是说，另外 80% 的时间，只有 20% 的快乐。

如果承认上述假设，也就是上述假设对你而言属实的话，那么我们将得到 4 个令人惊讶的结论。

结论一：我们所做的事情中，大部分是低价值的事情。

结论二：我们所有的时间里，有一小部分时间比其余的多数时间更有价值。

结论三：若我们想对此采取对策，就应该彻底行动，只是修修补补或只作小幅度改善，没有意义。

结论四：如果我们好好利用 20% 的时间，将会发现，这 20% 是用之不竭的。

花一点时间去印证 20/80 法则，几分钟也好，几小时也行。找出在时间的分配与所得的成就（或快乐）两者之间，是否真的有一种不平衡关系。你最有生产力的 20% 的时间，是不是创造出了 80% 的价值？你 80% 的快乐，是不是来自生命中 20% 的时间？

我们对于时间的价值及其扮演的角色所知甚少。许多人用直觉即可明白这个道理，而千万个忙碌的人并不知道学习管理时间，一直只是瞎忙。我们必须改一改我们对待时间的态度。

掌握你的时间节奏

　　班里开了一场主题班会：珍惜时间。开完班会之后，大家纷纷表示自己要珍惜时间。葛龙飞也是这么想的，他觉得自己以前不够珍惜时间。为了有所行动，他决定每天提前一小时起床学英语。以前他是6:50起床，然后洗漱、吃饭，骑单车到学校刚好赶上上课。现在他下定决心要珍惜时间，要提前一小时起床。

　　第一天，他5:50起来，然后开始朗读英语，一个小时下来，很有成就感，上课的时候虽然有些困，但是他安慰自己是还不适应早起一个小时。

　　第二天，他照样5:50起床，朗读英语。等到上午上课的时候实在有些困，就趴在桌子上小睡了一会儿。被数学老师发现了，老师点名要他回答问题，他却睡眼惺忪。

　　第三天，他觉得自己起床也变得很困难，眼皮很重，虽然坚持着起床了，但是一点精神也没有。

　　坚持了一周，他越来越没精神，他决定还是放弃自己的早起计划。回归到自己正常的生活里去。后来听了老师讲关于生物钟的事情才明白，原来每个人都有自己的生物钟。自己的早起行为打乱了自己体内的生物钟，这才使得自己不仅没有珍惜时间，而且越来越困倦。

看来，要想珍惜时间也要掌握自己的时间节奏呀。

在我们日常的工作和生活中，除了每天能力状态的规律性波动之外，我们还可以观察到较长时间段里的生理规律：生理节奏。通过生理节奏管理，我们可以解读体内的"生物钟"，了解其规律，通过主动调整，使自己的能力与其自然波动相适应。

在低点和临界日，我们养精蓄锐，放松休息，多做重复性工作，回避不愿见的人和令人头疼的问题。与此相反，在高点周期则要大干一番！这时候适宜作出决定，重新部署学习，贯彻自己的计划。管理好自己的生理节奏，可以让我们更好地掌握自己的时间和身体，享受更轻松、更简单的学习和生活。那么，究竟什么是"生理节奏"呢？

霍尔堡医生在哈佛大学实验室中发现，我们体内的各个系统并非在永远稳定而无变化地运行，而是有一个大约周期，有时会加速，有时会减慢。我们每天只有一段有限的时间是处于效率的巅峰状态。霍尔堡把这些身体节奏称为"生理节奏"。

日本和美国的许多企业利用生理节奏原理，短时间内就把事故率减少了30%、50%，甚至接近60%。

根据自身的生理节奏来调节好自己的时间节奏，孩子就可以更好地掌控和利用自己的时间。

不浪费一分一秒

袁弘涛是个每一方面都很优秀的同学：他学习成绩名列前茅，他是学校学生会的主席，他是班级合唱的指挥，他参加演讲比赛也有出色的表现，他是学校运动会长跑比赛的第三名。总之，他是个优秀的学生，很多人都希望自己能像袁弘涛一样优秀。

袁弘涛的秘密在于，他能够合理安排自己的时间。他在每一分钟里都很投入地做事情，而且每一分钟都不肯浪费。

每天上课的时间是固定的，他很认真地听讲，争取当堂消化老师讲授的内容，不在课堂之外消耗太多的复习时间。课余活动的时间也是固定的，在每次课外活动的时候，他都非常认真地参与到活动中去，尽量在有限的时间里掌握更多的内容，这样就不用回家之后专门练习了。他从小学就坚持跑步，从不间断。虽然有时候看见别人玩，自己也想过放弃，但是到了锻炼的时间段，他还是坚持了下来。这样，课外活动、课堂学习、学校的活动他一项都没有落下。

　　袁弘涛合理安排了每一分钟，并且积极利用这些时间不断地积累知识，提升能力，这就是他优秀的秘密。

　　学习是一个积累的过程，也是一个利用时间的过程，善于利用身边的每一分钟，我们的学习也会在不知不觉中得到提高。

　　关于时间，著名作家伏尔泰在其小说中有这样一段经典话语："最长的莫过于时间，因为它无穷无尽；最短的也莫过于时间，因为瞬间即逝。在等待的人看来，时间是最慢的；在玩乐的人看来，时间是最快的。它可以无穷地扩展，也可以无限地分割。当时谁都不加重视，过后都表示惋惜；没有它，什么事都做不成。"

　　在一次哈佛校友访谈中，北京大学的张俊妮副教授、还在联合国开发计划署的李劲，和来自美国、当时任职于某国际咨询公司的叶文斌三位哈佛校友，谈到了他们在哈佛大学学习、生活的体验和感受。

　　在紧张的课业之外，他们的课余生活也相当丰富。张俊妮"把时间分成一段一段的"，学习之外，郊游、滑雪，打保龄球，还组织论坛，跟人聊天，看电影，看话剧，参加"北桥诗社"；李劲则到附近学校去做志愿者，给海地难民的孩子们上数学课，留下了"在其他地方难以获得的体验"；叶文斌读本科的时候，一天是"四分之一上课，四分之一自习，四分之一课外活动，四分之一睡觉"，他参加了很多和音乐有关的活动。三个人全都是合理利用时间的好手。

让时间成就美好年华，
做一个时间大富翁

何腾现在在制作自己的时间安排表。他现在感受到了规划时间的益处，并经常跟大家说规划时间就能节省时间。

何腾从进入中学以后一直觉得自己不能适应中学的学习节奏。小学里那些知识非常浅显，而且科目也不多，每天完成了老师规定的作业之后剩下大把的时间归自己支配，每天生活得很轻松。但是到了中学之后一下子多了很多科目，而且每科都经常搞测验，还有其他大大小小的考试不断。每天都被这些课程和作业弄得焦头烂额，实在没办法了，就向自己上大学的邻居哥哥请教学习方法。

邻居家的哥哥告诉他，上了中学之后，跟小学不一样，要学会自己规划自己的时间。这样自己就能有主动权，不会被突然的作业或者考试牵着鼻子走。

按照邻居家哥哥指导的方法，何腾先把自己每天必须做的事情列在了一张表格上。每天上课的时间是不能改变的，但是课间的时间、中午的时间、下午放学后的时间都可以自己支配。他就在这些灵活安排的时间段上根据自己的学习特点排上了不同的学习科目。比如中午的时候很容易犯困，就拿些需要边写边看的资料，这样一边思考一边动手效率会很高。晚上坐公交车回家的路上成了他背课文的主要时间段。

经过一番安排和规划，他每天都把自己要做的事情安排好了。

进入中学阶段以后，学习一下子变得繁重起来。首先是作业变多了，除了各科老师课堂布置的不少作业，还要应付平时大大小小的考试，还有那么多的教辅书，还有家庭教师布置的课外习题等。很多孩子每天忙得焦头烂额，却还有不少重要的事情被遗漏掉。这都是不懂合理安排时间的结果。

时间很公平，每天给每个人的都是 24 个小时。但同样是 24 个小时，不同的人会有不同的效率，甚至差别很大。比如有的孩子善于科学安排自己的学习时间，学习、娱乐、休息安排得井井有条不说，学习效果也很好；而有的孩子整天忙作一团，影响了休息不说，学习效率也不高。

怎样才能科学合理地安排时间呢？

1. 凡事预则立，不预则废

最重要的一点是首先要给自己定一份时间表，也就是学习计划表，在表上填上那些非花不可的时间，如吃饭、睡觉、上课、娱乐等的时间。安排这些时间之后，选定合适的、固定的时间用于学习，还要留出足够的时间来完成正常的阅读和课后作业。值得注意的是，学习不应该占据作息时间表上全部的空闲时间，而要适当安排一些休息和娱乐。比如看电视节目的时间、锻炼身体的时间、玩乐的时间等。一些心理学家的研究结果表明：智力相同的两个学生有无学习计划，直接影响他们的学习效果。计划性差是学习成绩不理想的主要原因。

2. 时间表的拟定要根据自己的习惯和特点

比如有的孩子习惯早睡早起，早晨背东西记得牢，理解力也好，这样晚上的睡觉时间就要适当提前，以保证充足的休息。反之，则可以适当晚睡晚起。

3. 时间集中使用不如分散使用效果好

尤其是前后内容连贯性不强的功课，如记英语单词，与其花 40 分钟集中强记，不如在睡觉前和起床后各花 20 分钟记，后者效果肯定好于前者。还要考虑内容相近的学科尽可能不要连续学，这样会加速大脑疲劳，影响学习效果。

4. 为了能提高学习效率，一定要注重半小时或一小时就活动一下

要提高单位时间的利用率，有效的办法就是专心致志地学习，三心二意地学半天，还不如集中注意力学习一个小时。

学就要认认真真地学，玩就要痛痛快快地玩。劳逸结合，才能学有所得，收到好的效果。有的孩子从清晨学到深夜，连课间也不出教室，埋头苦学，勤奋固然是勤奋，但打的是疲劳战，大脑得不到休息，总是昏昏沉沉，最终是无效劳动，还有可能拖垮自己的身体。

其实，除了这些规规整整坐下来学习的时间之外，我们还有大把的空闲时间可以拿来利用。如上学路上、等车的时候、饭前饭后等，我们不妨用这些点滴的时间记一两个单词，看一段阅读，坚持下来效果也不错。

合理安排好时间，就等于预约到了成功。时间就像海绵里的水，挤挤总会有的，让我们逐步克服浪费时间的坏习惯，科学合理地让一分钟的时间产生出两分钟的效率。

心理学家说，用分钟来计算时间的人比用小时来计算时间的人，时间多出 59 倍。

平常就养成限定时间来学习的习惯，你能赢得比别人多 59 倍的时间，你就是个时间大富翁。

时间就是金钱，养成时间管理的好习惯

你孩子几点睡觉？我孩子10点前没有睡过，怎么说都不管用。

9点就睡了。睡得晚会影响孩子身体和大脑发育。光说不行，得给孩子制订作息时间表。

宝贝，我定好闹钟，再有半小时就得睡觉了，抓紧时间。

你迟到了10分钟，明天你必须早到20分钟，把今天的时间补出来。

你每天参加那么多课外活动，学习还那么好，有什么诀窍呀？

我就是上课时充分集中注意力，利用好课堂时间。

很多孩子心里没有"一寸光阴一寸金"的时间概念。给孩子制订一个作息时间表，21天养成时间管理的好习惯。

父母培养孩子时间管理习惯思维引导

● 时间是一列不会掉头的列车，错过了，就再也追不上。

● 孩子在成长期的时间，是一生最宝贵的黄金学习时间。帮助孩子有效地管理和利用时间，是我们家长义不容辞的责任。

● 在家里准备一面墙，装饰成学习墙。上面有孩子的励志箴言、偶像名言、作息时间表，课外班详细安排表（课外班安排要遵循 20/80 法则）。

五星孩子时间管理表

一寸 光阴 一寸金	早上起 床时间 ★	家庭作 业时间 ★	运动 时间 ★	课外班 时间 ★	娱乐 时间 ★	帮妈妈做 家务时间 ★	阅读 时间 ★	预习 时间 ★	睡觉 时间 ★
星期一									
星期二									
星期三									
星期四									
星期五									
星期六									
星期日									

激励小贴士： 每天完成一项计划，贴一个小星星。10 个星星 = _____，20 个星星 = _____，30 个星星 = _____，40 个星星 = _____。

第八章

自律才能掌控未来，
让孩子养成自律自制的好习惯

管好自己的手

乱拿别人的东西，看似不拘小节，实际是内心修养的外在表现。

一天中午，小华到隔壁好朋友小芳家玩，她们不知怎么就谈到了钥匙链。小芳说，她家有个钥匙链，可漂亮啦，是爸爸从日本带回来的。小华非常羡慕小芳有这么好的钥匙链，很想看看小芳说的钥匙链到底是什么样子，可小芳从不许任何人动她的抽屉。碰巧小芳的妈妈要小芳上街买酱油，等小芳下楼后，好奇心使小华打开了抽屉，拿出了钥匙链。哇，好漂亮的钥匙链！小华想："自己要是有一个那该多好啊！"这样想着，她就把钥匙链放进了自己的兜里。

现在的社会竞争非常激烈，决定我们前途的不仅仅是知识水平，更重要的是我们的个人素质。一些不经意的生活细节，可以给我们提供发展的机会，也可以让机会从我们身边溜走，留下遗憾。

下面是发生在人才招聘过程中的一个真实故事：

北京某外资企业招工，报酬丰厚，要求严格。一些高学历的年轻人过五关斩六将，几乎就要如愿以偿了，最后一关是总经理面试。总经理说："我有点急事，你们等我10分钟。"总经理走后，踌躇满志的年轻人围住了老板的大办公桌，翻看文件，翻看来信，没一人闲着。10分钟后，总经理回来了，宣布说："面试已经结束，很遗憾，你们都没有被录取。"那些年轻人大惑不解："面试还没开始呢！"总经理说："我不在时你们的表现就是面试，本公司不能录取随便翻阅领导文件的人。"这些年轻人全傻了，因为从小到大，从来没有人告诉他们别人的东西不要乱动。

在开始试着改变乱动别人东西等习惯时，我们往往会觉得很困难。就像运动中的火车那样，我们很难启动改变习惯的步伐。但是，一旦我们成功地改掉一个习惯，改掉坏习惯就将变得越来越容易。事实上，随着一个个坏习惯被好习惯逐渐取代，我们将变得越来越善于改变自己的习惯。也就是说，我们已经在开始养成"改掉坏习惯"的习惯。一旦这样的习惯养成，我们便会像一列运动着无法停止脚步的火车那样，推动着自己去实现理想。

让孩子远离不良嗜好

随着人类文明的不断进步，一些不良的嗜好逐渐被孩子所接受，此时，父母一定要帮助孩子远离那些不良嗜好。从而培养一个文明的优秀人才！

李伟一直都是个乖巧懂事的孩子，在他10岁那一年，父亲将他从老家湖南带到广州上学。

那是暑假过去开学后的一天，父亲突然接到班主任打来的电话，说李伟没有交暑假作业，问父亲是否知道情况。父亲了解后，就在这天的晚饭后问起这件事，而李伟却肯定地回答："老师没有发给我暑假作业。"听着这个回答，父亲自然有点儿不相信，可是再三地追问，李伟还是肯定地回答，看着孩子坚定的样子，父亲也就相信了他。

然而，通过从李伟同学那里了解，以及班主任的说法，父亲知道儿子在撒谎。在事实面前，李伟依然拒不承认，这让父亲恼羞成怒，直接给了李伟一个耳光，还饿了李伟一晚。看着孩子这样，父亲既痛心又无奈。经过这件事以后，本来就很少沟通的两父子就更加陌生了。父亲见这样对儿子的成长不利，于是便决定将李伟送回了老家，由姥姥来照顾。

父亲怕儿子会学坏，于是每个星期都会询问李伟的情况，每一次李伟的回答总是："知道，很好!"这让父亲隐约感到了一丝的不安。其实，父亲的担心正逐渐成为现实。李伟回到老家的学校后，很快就结交了一些不爱学习的同学，看着这些同学每天都逃学，老师和家长也管不了，他也加入了他们之中，并从这些同学那里学到了如何逃学、如何抽烟喝酒、如何玩游戏。染上了这些恶习以后，李伟再也不像以前那么乖巧懂事了。

年迈的姥姥已经管不住外孙了，学校正准备开除这些学生，当父亲听到李伟变成这样时，才后悔自己没有及时地管教孩子，以致让儿子走入了现在的迷途!

许多家长心中都有一个疑问，孩子平时看起来各方面都表现不错，怎么会染上那些不良的嗜好呢? 最主要的原因，就在于孩子的模仿。孩子的模仿能力都比较强，当孩子看到别人的行为时，往往会产生也要那么做的念头，当孩子接触不良嗜好时，即使并不了解这些行为的具体意义，也会有去做的冲动。所以，父母给孩子要从小定规矩，使孩子从内心远离不良嗜好。当孩子受到外界诱惑时要尽早帮他们远离诱惑源。"近朱者赤，近墨者黑。"给孩子一个好的外部环境至关重要。

看似简单的自制力

对于一个不能控制自己行为的人，我们还能指望他控制什么？

小威特6岁了，一天，老威特要去拜访一个牧师朋友，顺便也把他带去了，并准备在那儿住几天。

第二天吃早点时，小威特洒了一点牛奶。按在家里的规矩，洒了东西就要受罚，为此他只能吃面包了。小威特本来就喜欢喝牛奶，再加上朋友及他家人非常喜欢他，为了他的到来，还给他特意调制了一种牛奶，并添上了最好的点心，这对小威特还是诱惑不小的。他在洒掉牛奶后先是脸稍红了一下，迟疑了一会儿，但终于不喝了。老威特故意装作没看见。

牧师的家人看到这种情况，实在沉不住气了。只得再三让他喝牛奶，可小威特还是不喝，并十分不好意思地说："因为我洒了奶，所以就不能再喝了。"朋友家的人还是再三劝说他："没关系的，一点关系也没有，喝吧，喝吧！"老威特在旁边一边吃着点心，一边仍然故意装作没看见。小威特还是坚持不喝，在万般无奈之下，过于疼爱小威特的朋友全家就向他父亲进攻了，他们推测一定是由于他训斥了儿子。

为了打破僵持局面，老威特让儿子出去一下，待他向牧师全家说明理由以后看看情况是否会有所变化。他们听后责怪老威特："对一个刚6岁的孩子，因为一点点过错就限制他喜欢喝和吃的东西，你的教育过于严苛了！"老威特只得加以解释说："不，儿子并不是因为惧怕我才不喝的，而是因为他从内心里认识到这是约束自己的纪律，所以才不喝的。"在听了老威特的解释后，朋友全家还是不相信，于是他只好通过做一个试验来揭示事实真相："既然这样，那么我们可以试验一下，我先离开这个房间，你们再把我儿子叫来，劝他喝，看他是否会喝。"说完，老威特就走开了。

待他离开房间后，他们把小威特叫进屋里，热情地劝他喝牛奶、吃点心，但毫无效果。接着他又换了新牛奶，拿来新点心引诱他说："我们不告诉你爸爸，吃吧！"但小威特还是不吃，还不断地对他们说："尽管爸爸看不见，你们和我的心灵却能看见，我不能撒谎。"他们接着又说："由于我们马上要去外面散步，你什么也不吃，途中要挨饿的。"小威特回答说："不要紧。"实在没有办法了，他们只好把老威特叫进去，小威特流着泪如实地向父亲报告了情况。老威特冷静地听完后，便对他说："威特，你对自己良心的惩罚已经够了。因为马上要去散步，为了不辜负大家的心意，把牛奶和点心吃了，然后我们好出发。"

听到老威特说出这样的话，他这才高兴地把牛奶喝了。

小威特虽然只有 6 岁，但有非常强的自制力。不会因外人的诱惑而做出违反规定的行为。中国有句古话说得好"从小看到老"，小威特长大将会因了不起的自制力而成为有大成就的人。

告诉孩子不要过分"随心所欲"

孩子的随意性都非常强，他们的粗心大意往往会将生活搞得一团糟。此时，父母要引导孩子改变"随心所欲"的恶习，培养一个踏实认真的好孩子！

小明升入初中后，学习成绩一直都还不错，每次都能轻松通过考试，这让小明十分引以为豪。这学期最后的期末考试也不例外，自认为题目较简单的小明很快答完试题，心情格外愉悦。考试后的第二天下午，兴高采烈的小明迫不及待地去老师那儿看分数，但仅隔了十几分钟，他就一脸沮丧地拿着试卷出来了，并一声不响地坐在楼梯上生闷气，很显然，小明这回考砸了。

回到家后，小明对妈妈说："妈妈，我这次数学没考好，才得了76分。"

"数学不是你的强项吗？怎么会考砸呢？"妈妈不解地问。

"我也不知道，我还认为题目很简单，都答对了呢。"

小明流露出一副很委屈的样子。

"那我们看看到底错在哪儿了!"妈妈陪着小明翻看着卷子。原来,错误都出在粗心上,如把数字、运算符号写错,还有一道非常简单的题,小明在答题时没有写运算过程,直接将运算的得数写在了试卷上。看到小明犯的错都是由自身马虎造成的,妈妈就想通过这次机会,来帮助他改掉"随心所欲"的毛病。

妈妈深知粗心会给小明的将来带来很大影响,如不引起足够的重视,将会成为他学习和生活上的拦路虎。而且,若小明一直都没有取得过好成绩,久而久之,便会对学习失去信心。但看着小明失意地皱着眉头的样子,妈妈又暗自提醒自己,绝不能用过激的语言去伤害他,只要让他认识到粗心的危害性即可。于是,妈妈心平气和地让小明说一说这次考试后的感想。

"我真后悔,这些题目都会做,就是粗心犯的错!"小明开始了自我批评。

"粗心做错题与不会做题的结果一样,都造成了扣分,这表明你的计算技能还没有练到位。一次的粗心,让你丢掉的不仅仅是考试的分数,还可能是你的学业与前途!你结合实际想想,平时在电视中看到的大大小小事故,不都是因为个别人粗心、疏忽而引起的吗?假如你崇拜的'神舟'五号宇航员杨利伟叔叔也粗心,随心所欲地去操作机器,又怎能安全着陆呢?"妈妈语重心长地说。

在妈妈循循善诱的引导中,小明慢慢认识到了粗心的危害性,并表示今后一定会做事踏实认真,绝不会随心所欲地想怎么样就怎么样!

通常情况下，家长都只注重孩子在学习上的粗心，却忽略了他们在生活上的粗心。其实，孩子在生活上的粗心，更容易导致他们学习上的粗心。而孩子在生活上的粗心，又与父母过分关爱、包办代替有着直接的关联。一旦孩子在心理上产生了难以专注的思想，粗心也就随之而来。

孩子的粗心已成了他们学习的通病，这不仅影响了他们的学习成绩，也引起了家长的担心。然而，孩子的粗心并不是无缘无故的。在学习中，孩子粗心不外乎两点原因：一是学的东西不难，孩子产生轻视的心理；二是学习的目标不是很明确，得过且过地学习。孩子的"粗心"不是一个小问题，因此，家长有责任且必须要让孩子改掉这样的坏习惯。

孩子的粗心都不是天生的，而是在日积月累中形成的。在孩子刚出现坏习惯的苗头时，家长如果早早发现并予以制止，孩子也就不会变得"随心所欲"了，反之，当孩子和家长都忽视了这个问题时，粗心就会一次又一次地出现在孩子的学习和生活之中，慢慢地成为孩子的一种惯性。那么，家长应该怎样及时纠正孩子的粗心呢？不妨看一看以下这几点建议：

1. 培养孩子的知觉辨别能力

让孩子去发现各种细节上的变化，培养他们仔细观察、仔细比较的能力，并要求他们把比较的结果用语言大声地讲出来，以巩固知觉培养的成效。具体来说，可以给孩子提供"找相同点"和"找不同点"的图画：看到树叶上的一只小虫，可让孩子仔细看虫子身上有几个花斑、几条腿等。同时，这还可以训练孩子的记忆力，让孩子快速记下图片里的相关内容。

2. 培养孩子观察、思考的能力

孩子的思维通常缺乏可逆性，难以从不同的角度考虑同一问题，需要成人给予具体的指导。父母可以将两根等长的棍子，前后错开放在孩子面前，让他们观察哪根棍子更长。一般而言，说上面一根长的孩子，是因为他们只注意到棍子左端的情况，当让他们同时再看右端的情况时，结论就变了；讲下面一根长的情况则相反，孩子只注意到右端的差异，而忽视了左端。

因此，要让孩子注意木棍的两端，就要让孩子学会全面、仔细地去看一个事物。

3. 让孩子专心，提高注意力

父母要有意识地引导孩子进行比较和辨别，以提高孩子的注意力。如孩子经常分不清"衰、衷、哀"三个字的写法，可以教他们"横为衰，竖为衷，中间有口诉悲哀"。此外，家长还需要注意，当孩子看电视正在兴头上时，尽量不要强行将孩子关进房间里学习。因为这时的孩子根本无心学习，心不在焉自然会错误百出。只有让孩子专注地去做一件事，他们的注意力才能够不转移。

教育孩子自我约束，做到自律

　　刘华是学校里有名的情绪化孩子，上课捣乱、拖欠作业简直是司空见惯的事。无论老师和父母怎么说教，刘华始终改不了任性和情绪化的毛病。

　　在家里，刘华是爷爷奶奶的心肝宝贝，他们不让刘华受一点委屈。在爷爷奶奶的心目中，孙女做什么事都是正确的，提出的任何要求都是合理的。有时，刘华犯了错，父母会批评她，可爷爷奶奶却护着她，总说"小孩子知道什么，长大了就懂事了"。有了爷爷奶奶的庇护，刘华越来越爱乱发脾气了。

　　在家里，父母不会计较孩子的蛮横无理。但在学校里，孩子们都是平等的，刘华再这样乱发脾气就不行了。刘华经常和学校的同学发生矛盾，原因就是她做什么事都随心所欲，喜欢干什么就干什么。

　　有的时候，别的孩子正玩着自己的玩具，她看到了，觉得喜欢，就马上过去抢。人家不给，两人之间就会发生冲突。刘华刁蛮不讲理，使她不能与同伴和睦相处，自己被孤立于同伴之外，她自己也觉得很生气、很伤心。

自制力是一种善于控制自己情绪、支配自己行动的能力。对于孩子来说，由于中枢神经系统尚未发育完善，神经纤维尚未全部髓鞘化，传递的神经行动容易泛化，不够准确，因此常会表现为自制能力比较弱。

比如父母不让孩子饭前吃零食，孩子也答应了，但当他看到香喷喷的点心和甜甜的巧克力时，会禁不住美味的诱惑，趁父母不在就拿来吃了，这样到吃饭时就不能好好吃饭了。又比如孩子被带去医院看病，在路上他答应父母看病时不哭闹。但当医生开始为他做检查时，他又哭了起来。孩子的这些行为并非有意和大人过不去，而是缺乏控制自己的能力。

如果父母希望孩子将来成为意志坚强的人，能够控制住自己的情绪和行为，就应该从孩子的幼年开始培养他的自制力。

1. 培养自制力，需要父母做榜样

培养自制力需要榜样。生活中孩子最喜欢模仿的对象是父母，父母自制力的表现会影响孩子自制力的发展。父母必须先要求自己增强自制力，才能帮助孩子建立自制力。

2. 教孩子学会控制恶劣的情绪

在孩子成功的路上，最大的敌人其实并不是缺少机会或

资历浅薄，而是缺乏对自己情绪的控制。愤怒时，不能遏制怒火，就会使周围的合作者望而却步；消沉时，放纵自己的萎靡，就会把许多稍纵即逝的机会白白浪费掉。情绪影响着人的理智和行为，父母要注意培养孩子控制和调节情绪的自觉性。

父母可以通过亲子之间的对话，让孩子正确认识各种情绪，说出心里真实的感受。引导孩子表达自己的情绪并发现恶劣情绪的原因，教会孩子控制情绪的方法，才能让孩子把握自己的情绪，提高孩子的情绪敏感度。

3. 立规则，不能让孩子任性

父母可以为孩子制定一些卫生、劳动等行为规则，要求他持之以恒地执行，这对孩子自制力的培养十分有益。

陈贝子的自制力很差，做事老是丢三落四。

通过讨论，爸爸和陈贝子签下暑期规则：1. 每天只吃一次冷饮；2. 每天看半小时动画片；3. 做完一门功课，收拾好课本再做另一门功课；4. 晚上 9 点 30 分上床，背两个单词后熄灯；5. 平时打篮球 1 小时，自己洗运动服。

规则不多，只有 5 条，但定了就要坚决执行，不马虎不迁就，更不允许任性骄横，为所欲为。两个月的时间里，陈贝子在自制力方面取得了很大的进步。

必须注意的是，这种行为准则不能过于繁杂、过于详细。

否则会损害孩子的独立性。

4. 教孩子学会自我反省

自我反省的能力，是人们的一种内在人格智力，是认识自我、完善自我、不断进步的前提条件。

会自我反省的孩子，能够反思自己的言行，能置身事外观察自我的状态，因此，也能换位思考父母的感受。所以，一般来说，会自我反省的孩子都是自律性较强的好孩子。

教育专家指出，孩子到了一定年龄，都会有一定的判断能力，可以简单判断好坏，并且也有一定的自尊心和羞耻感。如果做错了事，他们一定会感到羞愧，只是不同的孩子羞愧的程度不同而已。问题是父母怎样启发他们的自尊心、激发羞耻感，进而使他们学会反省，加强自我约束，改正错误。

自制是美德的基石，是成功的保障

自制是美德的基石、成功的保障。

古时候，有个叫许衡的人，和同乡一起外出。

当时正是夏天，天气非常炎热，大伙顶着火辣辣的太阳走在路上，一个个全都汗流浃背。正当大家觉得疲惫不堪时，有个旅伴喊道："你们快看啊，前面有一棵大梨树。"大家一听，精神为之一振，立即朝那人指的方向看去，果然，在前面不远的路旁，有一棵枝叶茂密、结满了大黄梨的梨树。于是大家都朝那棵梨树跑了过去。旅伴们站在树底下，有的摘，有的吃，闹闹嚷嚷地吵叫成一片。

许衡虽然也饥渴难忍，但他始终没有动树上的梨，而是独自在树荫下坐了下来。

一个和他关系非常要好的同乡对他说："你还愣着干什么？这梨又甜又脆，还不赶紧摘几个解解暑气？"

许衡摇了摇头，非常认真地回答道："不行，梨的主人没在这儿，哪能这样随便吃人家的东西呢？"

听了许衡的这一番话，周围的人都感到好笑，有一个人讥笑他道："这大热的天，连个人影都没有，还找什么主人啊？"

听了同乡们的讥笑，许衡用手指了指自己的胸口，态度很是诚恳地说："梨虽然没有主人，难道我自己的心也没主人吗？"同乡们听了，顿时哑口无言。

从这个故事可以看出，有的时候，自制是很难的，必须有坚强的意志才行。古今中外成大事者，无不拥有自制的品格。

自制力强的人，能够理智地对待周围发生的事件，有意识地控制自己的思想感情，约束自己的行为，成为现实的主人。

在自制力的调节下，能够帮助人选择正确的活动动机，调整行动目标和行动计划。

自制力强的人，能理智地控制自己的欲望，分轻重缓急去满足那些社会要求和个人身心发展所必需的欲望，对不正当的欲望坚决予以抛弃。

阿姨家这个玩具这么漂亮，我能不能拿回家？

不可以。这是阿姨家的玩具。记住，别人家的东西都不可以拿走。

怎么回事呀，肚子痛得这么厉害？

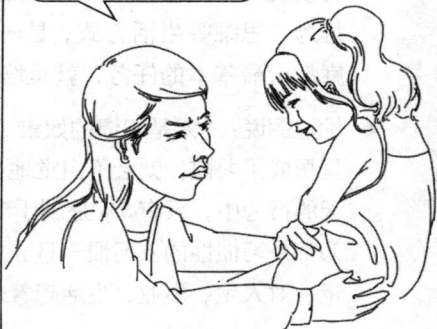

我刚才吃了五个冰棍。

抽烟有害健康。

放暑假了，定个计划，每天按照计划来，不能想干什么干什么。

好的，爸爸。我计划每天读一个小时书，学一个小时英语，做一个小时作业，打两个小时球，再帮妈妈做做家务。

让孩子从小学会自我约束、自我管理，培养出自律自制的好习惯。

父母培养孩子良好生活习惯思维引导

- 习惯就是习以为常的行为，是经过反复练习而养成的语言、行为、思维等生活方式，是一种稳定的自动化的行为。家庭教育最基本的任务，就是培养孩子的行为习惯。

- 柏拉图说："人是习惯的奴隶。"习惯的力量是巨大的，人一旦形成了习惯，就会不自觉地在这个轨道上运行。一个人一天的行为中，只有 5% 是属于非习惯性的，而剩下 95% 的行为都是习惯性的。习惯一旦养成，就成为支配人生的一种力量，对人生、事业、生活起着永久性作用，主宰着人的一生。

- 所以，从小帮助孩子培养起良好习惯，就是给了孩子一个美好未来。

良好的生活习惯从每天的作息开始

步骤	内容	星期一	星期二	星期三	星期四	星期五	星期六	星期日
1	定好闹钟按时起							
2	整好房间穿好衣							
3	吃光食物不浪费							
4	自己书包自背起							
5	放学回家先复习							
6	作业不拖先做起							
7	运动锻炼不忘记							
8	琴棋书画勤练习							
9	帮助妈妈收碗筷							
10	按时睡觉心欢喜							

★不因学习困难而放弃梦想，不因理想遥远而放弃挑战。

★永远不停止向内探寻自己的内心喜悦，不停止向外探寻自己的能力边界，不放弃塑造期待中最好的自己。

第九章

成由勤俭败由奢，
让孩子养成勤俭节约的好习惯

知道钱是从哪里来的

许多孩子现在都过着饭来张口、衣来伸手的生活，只要有需要，就可以毫不费力地从父母那里要到钱。可是，那些钱是从哪里来的呢？很多孩子对这点并不清楚，或者从没有仔细思考过这个问题。

刘明今年13周岁，上初中一年级。不久前，他滋生了一种和别的同学比阔气、比花钱大方的思想。比如，学校组织校外参观，他听说有的同学带了20元零花钱，就要家长给他30元。以前，他踢足球时穿一般的足球鞋就行，现在则嚷着要买名牌球鞋。还说："不少同学穿的是进口名牌，我买国产名牌已经是低标准了。"为了他上学方便，家里去年专门给他买了辆轻便自行车，结果没骑多长时间，他就又缠着父母要买变速车。

这是孩子的一种攀比心理，而父母因为孩子是全家的宝，所以要什么就给买什么。无形中使孩子变得花钱大手大脚，一点也不知道节约。孩子不知道钱怎么来的，觉得来得很容易，久而久之，乱花钱的习惯就会根深蒂固，也许真的会有那么一天，生存会因此受到威胁。

没有哪位父母会希望孩子大把大把地花钱，用钱与伙伴们去攀比、卖弄，因为他们知道金钱的来之不易。"谁知盘中餐，粒粒皆辛苦。"金钱也同样是大人们用血汗赚来的，尽早地让孩子知道金钱的来源，对树立正确的金钱观很有帮助。

让孩子知道钱是从哪里来的：

1. 懂得钱的价值

孩子了解自己父母的收入来源、开支、储蓄等经济情况，并通过上街购物等机会，做一些物品价格的比较。

孩子和父母上街，要买8元钱一个的冰淇淋，父母就告诉他8元钱可以买1斤黄瓜（3元）、1斤西红柿（3元）、1斤小白菜（2元）。这些菜够一家三口吃一顿了。

从这样的比较中，孩子也许会恍然大悟："原来8元钱可以买这么多的菜呀！"当了解了8元钱在生活中意味着什么，孩子也许会主动对父母说："那我还是别买冰淇淋了，买根便宜的冰棍吧！"他非常高兴地选择了冰棍，结果仅花了2元钱。

2. 了解家庭的收入

了解家庭的收入，提醒自己不要和别人攀比。要懂得使生活过得更好，必须付出辛勤的劳动，将来要靠自己自食其力。尽管不必了解家庭经济的具体状况，但是家庭经济所能承受的最大压力是孩子应当了解的。父母毕竟不是"银行"。

父母可以告诉孩子每个月家里总共的收入有多少，开支情况是怎样的，大概用于哪些方面的消费，用在他身上的消费占家庭消费总量的多少，等等。了解了这些，孩子在花钱的时候就会考虑是否有必要，买那些东西值不值了。

3. 到父母的工作场所去参观一下

孩子往往不知道父母的钱是从哪里挣来的，并对父母给予的每分钱抱有一种无所谓的态度。但是，当去参观父母工作的场所，特别是体力劳动者的挣钱场所时，情况就大不一样了。父母的劳动会对孩子的心灵产生一种惊心动魄的震撼效果。看到父母为了这个家、为了孩子，而不辞辛苦地工作，用汗水换取生活必需的钱，孩子会为平时自己的大手大脚而惭愧。慢慢地，孩子就能够学会心疼父母，尽量减轻父母的负担，做个明事理的好孩子。

通过这些，知道了钱是从哪里来的。孩子会了解钱的来之不易，会了解钱在生活中扮演的重要角色，会反思自己的消费行为和消费习惯，不会再为满足自己的虚荣心而一味攀比，也就不会再为父母增加沉重的负担了。

从小开始学理财

孩子会管理自己口袋里的钱吗？据一项调查显示，上海92.8%的青少年存在乱消费、高消费的现象，具体表现为花钱大手大脚、盲目攀比，消费呈成人化趋势；93%的学生缺乏现代城市生活经常触及的基本经济、金融常识，甚至不知道银行存款的利率等。类似问题在其他城市也比较突出。这反映出青少年的理财观念尚未形成、理财能力不强等诸多问题。

一位专家说："理财应从3岁开始。"理财并非生财，它是指善用钱财，使个人的财务状况处于最佳状态，从而提高生活品质。

生活中，孩子在理财方面最容易犯的错误如下：

（1）如果手中有几百元，他们就觉得富裕了。

（2）储蓄对他们来讲并不重要。

（3）花掉的要比储蓄的多。

（4）只能节省一点购买小件商品的钱。

（5）认为钱的能量并不是很大，而且没有多少潜力可挖。

（6）花钱从来不作计划。

（7）不能正确地使用活期存款账户。

（8）不恰当地使用微信、支付宝。

（9）从不了解钱的时效价值。

（10）现在享用，以后付钱。大多数孩子对钱的认识不够，没有忧患意识，眼前只有享受，认为以后会由父母把钱送到自己手上。

（11）没把钱当回事。总以为家长有的是钱，每天都能有大数目的零花钱，所以买东西从不考虑价格。

（12）买东西时，把身上的钱花个精光。

（13）向流行看齐。许多初高中生吃的和用的都向流行看齐。

（14）向大人看齐。看见大人们经常网上购物、吃西餐，他们也学着去进行高消费。

（15）向明星看齐。据一家美容店老板介绍，她曾遇到不少崇拜明星的初高中学生来美容理发，花大价钱做明星同款造型。

（16）许多初高中学生在钱花掉之前，已经有过无数次的购买欲望。

（17）买了许多东西，但很少有令他们长期满意的。

（18）滥用别人的钱。

（19）只在花钱时才有一种满足感。

在美国石油大亨洛克菲勒给儿子写的一封信中有这

样几句话：

"有一点你要记住，财富不是指人能赚多少钱，而是你赚的钱能够让你过得有多好。

不懂得控制开销的重要性，就必须付出很大的代价。

控制开销不能让你一夜之间或一年之内致富，但它所构建的是你未来的财富。"

从中可见，理财能力对孩子来说是极其重要的。

在美国，孩子借助于父母的指导，是这样实现他们的理财目标的：

3岁时，辨认硬币和纸币的区别；

4岁时，知道每枚硬币是多少美分，能够买到多少东西；

5岁时，知道基本硬币的等价物，了解钱是怎么来的；

6岁时，他们就能够找到数目不大的钱，能够数大量的硬币；

7岁时，懂得看价格标签；

8岁时，知道要赚钱必须通过工作，还可以把钱存在银行；

9岁时，制订简单的一周开销计划；

10岁时，知道每周节约一点钱，以备大笔开销使用；

11岁时，知道购物时比较价格；

12岁时，懂得使用银行业务中的术语并学习计划两周的开销。

理财要做到心中有数，要学会记账，明白家庭的开销和支出情况，规划自己的理财目标、计划等。IBM前董事长沃森的儿子从上初中起就做每周的零花钱支出计划、每月的收支目标，很小就树立了商业意识，后来也成了 IBM 公司的首席执行官，良好的理财习惯创造了其灿烂的一生。

孩子可以借鉴他们的做法，当一个理财好手：

（1）学习畅销书《钱不是长在树上》中的一个储蓄基本原则，配置自己的零花钱。可以将钱分成 3 份，第一份的钱用于购买日常必需品；第二份的钱用于短期储蓄，为购买较为贵重的物品积攒资金；第三份的钱作为长期存款放在银行里。

（2）减少开支。花钱应懂得克制，根据自己的家庭经济状况来考虑自己的消费水平，并向父母申请一定的日常零花钱。

（3）准备一个理财本，学会定期整理，做到收支平衡。

（4）与父母一起筹划家庭的金钱计划。例如家里要过一个重要的节日，怎么在有限的时间内安排，哪些东西是必须买的，哪些东西是次要的，该花多少钱，怎么购买。并自己设计一张预算表，从中引导自己如何规范花钱的方向及适度使用钱财。

（5）平时打工挣钱省下一半来，可以用来充抵一部分学业开销及今后上大学、考研等的费用。

懂得节俭才能创造更多的财富

节俭是致富的秘诀。一个人只有懂得节俭，才能创造出更多的财富。

19世纪石油巨头众多，最后却只有洛克菲勒独领风骚，其成功绝非偶然。有关专家在分析他的创富之道时发现，精打细算是他取得成就的主要原因。

洛克菲勒踏入社会后的第一份工作，就是在一家名为休威·泰德的公司当记账员，这为他以后的数字生涯打下了良好的基础。由于他勤恳、认真、严谨，不仅把本职工作做得井井有条，还有几次在送交商行的单据上查出了错误之处，为公司节省了数笔可观的支出，因此深得老板的赏识。

后来，洛克菲勒拥有了自己的公司，他更加注重成本的节约，提炼每加仑原油的成本也要计算到小数点后的第三位。他每天早晨一上班，就要求公司各部门将一份有关净值的报表送上来。

经过多年的商业洗礼，洛克菲勒能够准确地查阅报上来的成本开支、销售以及损益等各项数字，并能从中发现问题，并以此来考核每个部门的工作。

1879 年，他质问一个炼油厂的经理："为什么你们提炼一加仑原油要花 1 分 8 厘 2 毫，而东部的一个炼油厂干同样的工作却只要 1 分 8 厘 1 毫？"他甚至连价值极微的油桶塞子也不放过，他曾写过这样的回信：

"……上个月你汇报手头有 1119 个塞子，本月初送去你厂 1 万个，本月你厂使用 9527 个，而现在报告剩余 912 个，那么其他的 680 个塞子哪里去了呢？"

和洛克菲勒一样，世界首富比尔·盖茨也是一个以"小气"而闻名的超级富豪。盖茨的"吝啬"还表现在一些小事上。有一次，盖茨和一位朋友同车前往希尔顿饭店开会，由于去迟了，以致找不到车位。他的朋友建议把车停在饭店的贵宾车位。

"噢，这可要花 12 美元，可不是个好价钱。"盖茨不同意。

"我来付。"他的朋友说。

"那可不是好主意，"盖茨坚持道，"他们超值收费。"

由于盖茨的固执，汽车最终没停放在贵宾车位上。

到底是什么原因使盖茨不愿多花几元钱将车停在贵宾车位呢？原因很简单，盖茨作为一位天才的商人，深深地懂得花钱应像炒菜放盐一样恰到好处。大家都知道盐的妙用，盐少了，菜淡而无味；盐多了，苦咸难咽。哪怕只是很少的几元钱甚至几分钱，也要让每一分钱发挥出最大的效益。一个人只有用好了他的每一分钱，才能做到事业有成、生活幸福。

每一枚硬币都是一棵财富之树的种子，是人人羡慕、人人渴望拥有的财富之树的种子。如果你幻想自己拥有一棵这样的树，如果你想年老的时候能够过上安逸的生活，从现在开始，认真地对待每一枚硬币吧！

"如果他有一定的才华和头脑，"菲利普·阿莫说，"一个节俭、诚实和有经济头脑的年轻人根本不会走投无路，相反他会拥有很多财富。"当被问到什么品质使他成功的时候，阿莫说："我个人的看法，节俭是关键原因。我从妈妈的教育中获益匪浅，我继承了苏格兰先辈们的优秀传统，他们都很节俭。"

罗素·塞奇说："每一个年轻人都必须明白，除非他养成节俭的习惯，否则根本不能积聚财富。在开始的时候，即使节约几分钱也强过不做任何储蓄；随着时间的推移，他将会发现拿出一部分作为积蓄不是很困难的事，做起来易如反掌。那些能够这样做并且持之以恒的人将会有一个完美的人生。有的人总是悲叹自己没有变得富裕起来，那是因为他花掉了全部积蓄。"

懂得节俭才能创造更多的财富，孩子要想取得成功，不妨从培养自己节俭的习惯入手，从小事做起，从自我做起，为将来的成功奠定坚实的基础。

成由勤俭败由奢

古人云："俭，德之共也；侈，恶之大也。"这句话告诫我们要杜绝奢侈浪费，培养节约的美德。节俭不仅是积累财富的一块基石，也是许多优秀品质的根本。节俭不仅适用于金钱，也适用于生活中的每一件事。节俭可以提升个人的品性，是一个人在许多方面都卓越不凡的一个标志。

节俭是人生的导师，也是一个人事业取得成功的重要保证。很多成功人士身上都有一种共同的特质——节俭。很少见一个生活奢侈浪费的人能取得什么成就。

勤俭节约是中华民族的传统美德，只有勤俭节约才能致富、挥霍无度、坐吃山空，最终受苦受穷的还是自己。

很早以前，有户姓张的人家，有两个儿子，老大叫张勤，老二叫张俭，日子过得平平常常，在村里是中等户。

有一年，老头儿得了病，很长一段时间下不了炕。张勤对爹说："爹，有你在，俺兄弟俩也不轻易分家。将来剩下俺俩，这个家怎么个分法？"

老头儿一想，也是，兄弟大了得分家，就把两个儿子叫到跟前说："咱家的光景你们也知道，爹没置下多少东西，就几亩地和这点房子。家好分：地按好坏搭配着分，分房子时再搭配。"

老大问兄弟："咱爹说的中不？"

"中，中，咱们兄弟俩，你好了也等于我好，我好了也等于你好。"

就这样，兄弟俩按照爹说的把家分了。老人的病一天比一天重，不久咽了气。兄弟俩从此就各支各的锅台，各过各的日子。

张勤这人从小爱劳动，又勤快。常说：聚宝盆家家有，就凭你劳动两只手。但他有一个毛病：花钱大手大脚的，不懂节俭。结果，日子也不见好过起来。

张俭这个人，肚里有点文化，知道细着过日子，就是有一样不好：懒散。光知道吃得俭、穿得俭，一切都省着用，就是不知道勤劳。他每天早晨睡懒觉，晚上又早早睡了，胖得看上去挺富态。地里的庄稼种一葫芦打两瓢，日子过得一天不如一天。

这事被他们舅舅知道了，有天舅舅来了，把兄弟两个叫到一块儿说："张勤、张俭，都说说你们的日子是怎么过的！"哥哥张勤说："我会勤劳。"弟弟张俭说："我会节俭。""叫我看，你们兄弟俩合到一块儿吧，你在外边辛勤劳动，他在家里节俭着过，日子一定过得好上加好。"

张勤、张俭仔细一琢磨：是这个道理。从此，兄弟俩又合了伙。一个辛勤劳动，一个细着花费，日子越过越富，慢慢成了远近有名的富户人家。

古今中外，很多有识之士都十分重视节俭，竭力避免生活中的奢侈和浪费。尤其是在自己子女的教育上，更是注重他们节俭品质的培养。

比尔·盖茨是世界首富，他在短短的时间内积累了富可敌国的庞大资产，美国的媒体常常不由自主地将他神化。比尔·盖茨常说："等你有了1亿美元的时候，你就明白钱不过是一种符号，简直毫无意义。钱的价值只有在有意义的事业中才能体现。"盖茨将他的财富不断投向他认为有意义的事业中。他一次就向华盛顿州立大学捐赠了1200万美元，同时，又给弗雷·哈特金森癌症研究中心捐助了100万美元。

对社会如此慷慨大方，对子女却异常吝啬。盖茨公开宣布："我不会给我的继承人留下很多钱，因为我认为这对他们没有好处。"

富家子弟由于在钞票堆中长大，一辈子不愁吃喝，无忧无虑，容易养成挥金如土、逍遥度日的不良习气。有一句古话就叫"豪门出败子"。基于金钱可能对孩子带来的伤害，盖茨同当今世界的许多富人一样遵循"再富不能富孩子"的教育原则，宁愿将钱捐献给社会，也不愿孩子挥霍一分钱。

节俭可以帮一个人走向成功，浪费只能让一个人变得懒惰和不思进取。节俭可以提升个人的品性，厉行节俭对人的其他能力也有很好的助益。节俭的习惯可以证明人的自我控制能力，同时也证明一个人不是其欲望和弱点的不可救药的牺牲品，他能够支配自己的金钱，主宰自己的命运。

拿破仑·希尔认为，节俭是人生的导师。一个节俭的人勤于思考，也善于制订计划。他有自己的人生规划，也具有相当大的独立性。

一个人如果养成了节俭的习惯，就意味着具有控制自己欲望的能力，意味着已开始主宰自己，意味着正在培养一些最重要的个人品质，即自力更生、独立自主，以及聪明机智和独创能力。换言之，就表明他有追求，他将成为一个卓有成就的人。

从节俭一枚硬币开始，
建立财富的基石

今天，人们的生活水平大大提高，一些孩子养成了花钱大手大脚的习惯。一听到"勤俭节约"，他们总是一笑：早过时啦！果真如此吗？

2006年4月17日，一位国家元首到美国访问，首场宴会将在微软公司董事会主席比尔·盖茨的私人豪宅举行。宾客们享用的晚餐只有3道菜：前菜是烟熏珍珠鸡沙拉，主菜是华盛顿州产的黄洋葱配牛排或阿拉斯加大比目鱼配大虾任选其一，最后是甜品牛油杏仁大蛋糕。许多人惊诧万分。

谁都知道盖茨很有钱，但是盖茨同样很节俭。就是这普通的3道菜，让我们又一次感受到了盖茨的吃喝哲学和人格魅力，给孩子们上了一堂生动的教育课。

历史上，杰出人士大都有着勤俭节约的习惯。

一次，香港富豪李嘉诚在乘坐汽车的时候，把一枚两分钱的硬币掉在了地上。硬币滚向阴沟，他便蹲下来准备去捡，旁边一位印度籍的保安员便过来帮他拾起，然后交到他的手上。

李嘉诚把硬币放进口袋，然后从口袋中取出一张100元钞票作为酬谢给了他。

有记者曾问起这件事，李嘉诚的解释是，若我不去捡那枚硬币，它就会滚到阴沟里，在这个世界上消失。而我给保安员100元，他便可以用之消费。我觉得钱可以去用，但不能浪费。平时，他衣着简洁，不戴名贵手表而只戴普通的电子表。

同他一样，鼎鼎大名的"领带大王"曾宪梓在饭店用餐完毕总不忘打包带走剩下的几块点心。

节俭是大多数成功者共有的特点，也是他们之所以成功的原因。他们养成了精打细算的习惯，有钱就拿去投资，而不是乱花。

许多年轻人往往把钱花费在吃喝、名牌、玩乐等方面。如果他们能把这些不必要的花费节省下来，时间一久一定大为可观，可以为将来发展事业奠定一定的经济基础。

不少青年一踏入社会就花钱如流水一般，胡乱挥霍，这些人似乎从不知道金钱对于他们将来事业的价值。他们胡乱花钱的目的好像是想让别人夸他一声"阔气"，或是让别人觉得他们很有钱。

有些人收入不高，但花起钱来可真是大手大脚。他们会为了购买只有富人才买得起的奢侈品，把所有的钱都花光，但等到想做点事情时却身无分文。

　　美国一些百万富翁的儿子，常在校园里拾垃圾，把草坪和人行道上的破纸、冷饮罐收集起来，学校便给他们一些报酬。他们一点儿也不觉得难为情，反而为自己能挣钱而感到自豪。有的家庭经济并不困难，但要让八九岁的孩子去打工、送报挣零花钱，目的是培养孩子自力更生、勤俭节约的习惯。美国著名喜剧演员戴维·布瑞纳中学毕业时，父亲送给他一枚硬币作为礼物，并嘱咐他："用这枚硬币买一张报纸，一字不漏地读一遍，然后翻到广告栏，自己找一份工作，到世界上闯一闯。"后来取得很大成功的戴维在回首往事时，认为那枚硬币是父亲送他的最好礼物，它使戴维懂得了生活的艰辛，衣食的来之不易。

节俭不仅是财富的一块基石，也是许多优秀品质的根本。节俭可以提升个人的品性，厉行节俭对人的其他能力也有很好的助益。我们知道一个节俭的人是不会懒散的，他精力充沛、勤奋刻苦，而且比起那些奢侈浪费的人更加诚实。

节俭是人生的导师。一个节俭的人勤于思考，也善于制订计划。他有自己的人生规划，也具有相当大的独立性。

培养孩子的节俭习惯，让他从节省一枚硬币开始。

成由勤俭败由奢，养成勤俭节约的好习惯

咱家这个月快没钱了，咱们都得节省着花。

那就去银行取呗。你想取多少都行。

妈妈，我看上了一双鞋，新款，很好看，980元。

太贵了吧！

每送出一份挣3元钱。

我不出去玩了，今天可以节省100元。

让孩子知道钱不是从银行流出来的，是用汗水挣来的。让孩子从小学会节俭的好习惯。

父母培养孩子良好习惯思维引导

● **孩子习惯培养六步法：**

   A. 提高认识，或者说，引导孩子对养成某个习惯产生兴趣。

   B. 明确行为规范，让孩子对养成某个良好习惯的具体标准清清楚楚。

   C. 适时进行榜样教育，让孩子对养成某个良好习惯产生亲切而向往的感情。

   D. 坚持行为训练，让孩子由被动到主动再到自动，养成某个良好习惯。

   E. 及时评估和奖惩，让孩子在成功的体验中养成良好习惯。

   F. 形成良好的环境或风气，让家庭生活和学校环境成为孩子养成良好习惯的支持力量。

● **帮孩子养成良好习惯，就如为孩子的梦想插上了翅膀。 你将许给孩子一个美好幸福的未来。**

   1. 你的孩子有哪些好习惯？

   2. 你的孩子有哪些坏习惯？

   3. 你最想培养孩子哪些方面的习惯？

   4. 你是怎样培养孩子习惯的？

● **聪明如你，一定可以找到一条适合你孩子的习惯培养方法。 世界上的孩子各不相同，没有一条可以适用所有孩子的培养方法。 合适的，就是最好的。 期待你的孩子，成为最棒的孩子。 祝福你和你的孩子！**